La latina con baja autoestima

La latina con baja

autoestima

MEMORIAS

ROSIE MERCADO

HarperCollins *Español*

Los libros de HarperCollins Español pueden ser adquiridos para propósitos educativos, empresariales o promocionales. Para más información, envíe un correo electrónico a SPsales@harpercollins.com.

Título original: THE GIRL WITH THE SELF-ESTEEM ISSUES
HarperOne, 2020

El copyright de la traducción © 2020 de HarperCollins Publishers.

PRIMERA EDICIÓN

TRADUCCIÓN: JOSIE «JOSÉ» REYES RIVERA Y MARTHA CASTRO LÓPEZ

Diseño adaptado de la edición en inglés de Janet Evans-Scanlon

Imagen de mujer bailando: Cosmic_Design / Shutterstock

Este libro ha sido debidamente catalogado en la Biblioteca del Congreso de los Estados Unidos.

ISBN 978-0-06-289586-8

20 21 22 23 24   LSC   10 9 8 7 6 5 4 3 2 1

CONTENIDO

La latina con baja autoestima

HOLA, MAMACITA. ESTOY MUY CONTENTA DE QUE ESTÉS aquí.

Soy la autora del libro que tienes en tus manos en este momento, y me emociona mucho que lo estés leyendo. Me han pasado muchas cosas (algunas emocionantes, otras bastante locas) y he perdido la cuenta de la cantidad de veces que me han dicho: «Deberías escribir un libro». Durante un tiempo, no fue algo en que pensara siquiera. Me considero una persona positiva; sin embargo, siendo sincera, estaba en un camino bastante complicado: pasé por un montón de mierd*. Pero mi vida ha cambiado. Ahora soy *life coach*, y al recordar algunas de mis experiencias, mi deseo más profundo es apoyar a quienes estén enfrentando sus propios retos. Si contar mi historia puede evitar que alguien se despiste como yo, o animar a otras a hacer algo por sí mismas, entonces... ¡el propósito de mi libro se habrá cumplido!

Así que... hay mucho que contar. Mis tres hijos. Mis maridos. Bueno, *ex*maridos. Mi improbable carrera como modelo de talla grande. Mi inesperada, increíble y verdadera historia de amor. La vez que casi me muero. Y... espera...

Respira, Rosie.

Okey. Creo que voy muy rápido. ¿Por dónde empiezo?

Supongo que debería empezar como con la mayoría de las cosas que hago: con una taza grande de café mexicano negro recién hecho.

Nadie prepara un mejor café mexicano auténtico que mi mamá. Al despertar en su casa, te recibe el olor a ese café con canela, uno de mis olores favoritos. Si cierro los ojos sólo un minuto, puedo sentir el calor de ese aroma junto con una imagen de mi mamá haciendo bullicio mientras le prepara el café a mi papá. El café no era sólo una bebida para el desayuno; mi mamá lo preparaba siempre por la noche después de la cena. Mientras hacíamos la tarea, mi mamá y mi papá se sentaban a la mesa en la cocina, tomaban su café y hablaban: platicaban sobre su día, sus preocupaciones y sus alegrías. Para mí, esta rutina representaba algo que anhelaba profundamente: un amor maduro. Se aman, son feroces cuando se trata de cuidar a su familia, se comunican, comparten metas y sueños, y trabajan juntos para hacerlos todos realidad. Como todas las parejas, no siempre estaban de acuerdo, pero sólo con verlos... sabía que arreglarían sus diferencias con mucho respeto y dando al otro su lugar. ¡Y siempre resolvían sus desacuerdos antes de irse a dormir!

La verdad es que mi papá era algo así como un sargento. Tiene un carácter fuerte. Pero es un caballero: siempre tiene tiempo para mi mamá, y ella suaviza su personalidad. Uno de mis recuerdos favoritos de mis papás es ir caminando a su espalda y ver a mi papá tomar la mano de mi mamá. Incluso cuando era niña, me gustaba mirarlos tomados de la mano. La imagen que siempre he tenido de mi papá es de fortaleza y protección. Mientras mi papá estuviera allí, sabía que todo estaría bien. Pero nunca hubo duda de que mis papás, que también son socios, están conectados por algo más fuerte que la familia, los hijos, la casa, las facturas y la vida diaria: siempre se han amado. Yo podía percibirlo. Y eso es lo que siempre he querido para mí.

Puede que no te des cuenta, pero el amor es lo que nos ha reunido a ti y a mí. Después de todo, es la verdadera razón por la que escribí este libro. ¿Te sorprende el título? Sí, lo sé: y créeme que llegaremos a ese tema. Pero el libro que tienes en manos trata, sobre todo, del amor. El amor siempre fue mi objetivo de vida, algo que siempre quise dar y recibir.

Resulta que el amor no siempre es fácil. Y probablemente soy la última persona que esperas que escriba un libro con consejos para los demás, porque he tenido mi dosis de altibajos en ese tema (ya leíste antes sobre mis exmaridos). Además, durante la mayor parte de mi vida me han dicho cosas por mi peso. Y dejé que afectara la forma en que me veía a mí misma. Cuando empecé como modelo de talla grande, pesaba más de ciento ochenta kilos. (Aun después de perder noventa, la gente me sigue llamando «gorda»). Y soy latina. Soy mujer. Muchas veces he tenido poco o nada de dinero en mi cuenta bancaria. He tenido que alejarme de ciertas personas. He tenido que *huir* de otras. Sé lo que es estar en una relación abusiva: tenerle miedo a un hombre capaz de aventarme cosas o de ponerme las manos en el cuello. He pasado la mayor parte de mi vida siendo «una latina con baja autoestima». Y, sin embargo, aquí estoy.

Pero aquí te va un secreto: el mejor consejo no lo recibirás de alguien que hizo las cosas bien desde el principio, sino de gente que ha pasado por cosas verdaderamente serias y que le tocó aprender por las malas. Aquellos de nosotros que nos hemos equivocado y tuvimos que comenzar desde cero. Aquellos de nosotros que sabemos lo que es luchar, contra todo pronóstico, pero que aun así despertamos día tras día para seguir y abrirnos paso con uñas y dientes hacia la vida que queremos.

Y todo eso nos lleva de vuelta al amor.

Sí, la mayoría de nosotros en algún momento de nuestras vidas ansiamos una verdadera pareja, como mi mamá y mi papá, alguien con quien podamos tener una relación sólida que dure toda la vida. Pero hay un tipo de amor aún más importante y esencial: el amor propio.

Lo sé, lo sé: amarse a uno mismo es difícil. Para todos, no sólo para las mujeres. Y no sólo para aquellos con problemas de autoestima. Pero el amor propio es lo que me transformó, y espero que cuando leas sobre mi vida, te inspire y te ayude de alguna manera a transformar la tuya.

Es hora de hacer las cosas de manera distinta

Una cita motivacional de Tony Robbins, muy conocida y bastante cierta, que me impactó mucho es: *Si haces lo que siempre has hecho, obtendrás lo que siempre has conseguido.*

Es cierto, ¿no crees?

¿Qué hay de ti? ¿Conoces la sensación de hacer lo mismo una y otra vez y esperar un resultado diferente? Quizás has estado persiguiendo durante años el ascenso que tu jefe sigue prometiéndote. Quizás querías volver a la escuela o sacar mejores calificaciones, pero siempre pospones inscribirte o no dejas tiempo para estudiar, y entonces... ¡sorpresa! Obtienes el mismo resultado. Quizá quieres perder peso. Encontrar una pareja. Aprender un idioma. Escribir un libro. Ir de vacaciones a las islas Galápagos. Empezar un negocio. Atraer muchísima abundancia (dinero). Salvar la selva tropical. Cualquier cosa que quieras lograr, te prometo una cosa: *Si haces lo que siempre has hecho, obtendrás lo que siempre has conseguido.*

Para cambiar la historia de tu vida, debes actuar diferente. Todos tenemos historias que nos contamos acerca de quiénes somos, ¿verdad? En mi caso, la historia que me contaba es que era un fracaso: una mamá abandonada con tres hijos que pesaba más de ciento ochenta kilos y que había sido maltratada física y emocionalmente, así como engañada en sus relaciones. Si quería cambiar mi vida, *si quería un resultado diferente*, tenía que cambiar mis acciones... y, por lo tanto, mi historia. Y tenía que creer que podía hacerlo. Sí, tenía metas que quería alcanzar, pero mi comportamiento se interponía en mi camino. No estaba haciendo lo suficiente para ayudarme. De hecho, a menudo estaba tan deprimida que, después de llevar a los niños a la escuela, me encerraba en mi habitación y lloraba. Me aislaba. Aunque sabía que actuar de esa manera era entrar en un círculo vicioso, seguía haciéndolo. Formaba parte de mi patrón depresivo cotidiano.

Si quería llegar adonde quería ir, tenía que centrarme en los comportamientos que debían cambiar. Debía dejar de comer emocionalmente. Debía dejar de sentir tanta pena por mí misma. Necesitaba comenzar a ser más autoconsciente de lo que pensaba y lo que estaba haciendo. Tenía que prestar atención y notar cada vez que me sentía culpable o responsable de algo. Necesitaba aprender a dedicarles un momento a esos sentimientos, y luego pedirles que se vayan al caraj*. Tuve que examinar mis pensamientos negativos e identificar mis propias excusas. Deshacerme de mis pretextos fue un primer e importante paso. Tenía que comenzar a moverme en la dirección en la quería ir.

Cuando comencé a modelar, a menudo me decía que nunca conseguiría trabajo como modelo por mi peso, entonces, ¿por qué debía perder tiempo intentándolo? A pesar de las dietas, nunca iba a ser talla 4, entonces, ¿para qué intentar perder peso? Nunca iba a poder controlar mi manera de comprar y gastar, entonces, ¿para qué intentar siquiera ahorrar dinero? Me imagino que tienes tus propios problemas parecidos a los míos, así que sabes a lo qué me refiero. Todos tenemos problemas.

La vida me ha hecho aprender algunas lecciones duras. Gracias a ellas aprendí la importancia de examinarse y ser conscientes de quiénes somos. La honestidad brutal con uno mismo es un arma secreta que todos podemos usar para llegar a donde queremos. Me ayudó a vencer mis problemas de autoestima con enormes probabilidades en mi contra. Ahora trabajo a tiempo completo ayudando a otras personas a conseguir lo que quieren. Hago todo lo que pueda para ayudar a otros a tomar decisiones más sanas. Si queremos cambiar nuestras vidas, debemos estar dispuestos a asumir nuestros problemas y patrones tóxicos. Tenemos que renunciar a todas esas ideas autolimitantes y comportamientos autodestructivos. Recuerda: **ninguno de nosotros puede seguir haciendo las cosas de la misma manera y esperar resultados diferentes.**

Y vaya que aprendí esa verdad por las malas. Pero permítanme decir, con toda gratitud, que aprender de esta manera me ha dado algo valioso que ofrecer aquí: cómo dar la cara por ti misma, cómo ser tu mejor amiga, cómo pelear por lo que vale la pena y cómo practicar el amor propio todos los días. Cada capítulo de este libro incluye una lección que aprendí por medio del dolor y la lucha: ahora te toca a ti leer todos los jugosos detalles de cómo la regué por completo antes de llegar a este momento de mi vida.

A veces, cuando parece que estás en tu peor momento —cuando te pasan y sientes cosas que no le desearías a nadie—, debes saber que es una llamada para cambiar y mejorar tu vida. Este es el momento en que debes preguntarte: ¿qué se supone que deba aprender de esta situación? ¿Cómo puedo cambiar y crecer para mejor? ¿Qué es lo que debo agradecer? No puedes sentirte agradecida y resentida al mismo tiempo. Sólo puedes elegir una de ellas. ¿Cuál escoges?

Si crees en algo, y yo ciertamente tengo mis creencias, sabes de sobra que todas las cosas que nos suceden no son del todo accidentales. A lo largo de la vida, se espera que aprendamos, cambiemos y crezcamos. Se espera que nos volvamos seres humanos mejores, más amorosos y empáticos. Cuando pasas por una etapa realmente difícil en tu vida, puede ser útil ver esos momentos —días, semanas, meses o incluso años— como oportunidades para el crecimiento personal.

Piensa en algunos de los dramas, traumas y momentos más difíciles de tu propia vida. Quizá hayas experimentado una separación o un divorcio, una crisis de salud, un revés financiero o la pérdida de un ser querido. Estas son experiencias dolorosas, pero todas contienen lecciones reales e importantes. Cuando las cosas no van bien en tu vida, recuerda siempre parar y preguntarte: ¿cuál es mi lección en todo esto? ¿Qué trata de decirme la vida? Presta atención, e intenta responder. ¿Puedes usar tus experiencias negativas para ayudarte a cambiar y transformar tu vida para mejor?

Quiero contarte una cosa más antes de que pases al capítulo 1. Estaba pasando el rato en casa de mis papás con mis tres hijos. Retirábamos los trastes después de una cena deliciosa, preparando café mexicano y, de repente, el olor me transportó a cuando era niña e iba a jugar con mi hermano y mis hermanas mientras mi mamá veía una de sus telenovelas favoritas y mi papá, como siempre, arreglaba algo en la casa. El recuerdo me llevó a darme cuenta de que había una cosa que desearía haber sabido en ese momento.

Desearía haber sabido enfrentar la vida con una actitud más de «¡Al caraj*, voy a hacerlo y ya!». Me tomó muchos años ser capaz de ir tras mis deseos. Siempre estaba ofuscada por lo que los demás pensaban y dirían de mí; estaba llena de miedos estúpidos, y permitía que todo eso limitara mi capacidad de ir tras mis sueños. Necesitaba decir «¡Al caraj*!» y lanzarme a mis metas sin preocuparme por lo que los demás pensaran y sin cuestionarme si estaba haciendo las cosas bien. Todos cometemos errores, por supuesto. Lo importante es que podemos aprender de ellos y autocorregirnos.

Por lo que sea que estés pasando en este momento, hay una razón para ello. Y sinceramente creo que Dios revelará esa razón cuando sea el momento adecuado. Mientras tanto, siempre y cuando tus objetivos sean positivos y reafirmen tu vida, ¿por qué no decir «¡Al caraj*, voy a hacerlo y ya!»? Asume tu fuerza, y deja que ésta te mueva. Aun si sientes miedo, puedes cambiar la energía y el rumbo de tu vida. Se trata de amarte y apostar por ti y por tu futuro.

Yo lo hice, y, por lo tanto, sé que tú también puedes hacerlo…

CAPÍTULO 1

Cambia tu historia

MI PAPÁ ME PREGUNTABA TODO EL TIEMPO: «ROSIE, ¿ESTÁS bien? ¿Estás bien?».

¿Eh? Yo me hacía la misma pregunta: «¿Estoy bien?». Qué pregunta más loca. Claro que no estoy bien. No he estado bien en años. No he estado bien en toda una década.

Estaba en un cuarto de hospital, despertando de algún sueño inducido por medicamentos. Tenía la visión borrosa. Estaba desesperada. Apenas podía mover los brazos y piernas, y mis palabras eran incomprensibles. No hablaba por temor a tartamudear o que no se me entendiera. Sabía que decir algo, cualquier cosa, tranquilizaría a mi papá, y que eso era lo que debía haber hecho. Pero no podía formar las palabras.

«No, no estoy bien», pensé.

Mi papá me miró, buscando algún parecido a su hija luchadora. Me tocó la cabeza, apartó un mechón de mi frente, como hacía cuando era niña y tenía fiebre. Pero yo ya no era una niña pequeña: era una mujer de veintiocho años, y me acababan de decir que tenía un quiste en el cerebro.

—Confianza en Dios —dijo mi papá en voz baja, pero con algo de fuerza—. *Confía en Dios.*

Lo miré con mis ojos vacíos, perdidos y tristes. Era la mirada derrotada de una mujer que se había *rendido* totalmente y sin remordimientos.

Esto había sido un largo y espantoso viaje: de la nada comencé a tener problemas de equilibrio. Me tambaleaba y tropezaba y tenía que agarrarme a cualquier cosa cercana para mantenerme en pie. Hablaba raro, y era peor cuando despertaba por la mañana, pero incluso durante el día tartamudeaba o arrastraba las palabras. Era obvio que me pasaba algo malo, y mi papá se había hecho cargo de cuidarme.

Primero me llevó a un hospital en Las Vegas, donde me recetaron Valium para tratar lo que pensaban que era ansiedad. Luego visitamos a otros médicos de la ciudad, que básicamente atribuyeron a mi peso cualquier problema que tuviera. Mi presión arterial era extremadamente alta y estaba cerca de sufrir un infarto cerebral. Me sentía impotente, pero mi papá nunca se desanimó. Después de investigar un poco más, encontró a un médico en México, y partimos nuevamente. Ese es mi papá: un hombre totalmente orientado a la acción. No importa de qué se trate, él aborda las cosas de frente. Desde su punto de vista, este no era momento para las emociones: debíamos obtener respuestas. Lo que fuera necesario, sin importar donde tuviéramos que ir. Estaba muy agradecida de saber que mi mamá cuidaba a mis hijos, así que al menos no tenía esa preocupación.

No recuerdo mucho esa época en el hospital, excepto que me aterraba la idea de morir. Estaba convencida de que mis comprensivos papás perderían a su hija mayor, y que mis tres hermosos hijos crecerían sin su mamá. ¿Qué sería de ellos? No pude evitar sentirme enojada con sus papás. Iban por el mundo viviendo sus vidas y haciendo lo que querían mientras yo me preguntaba: ¿por qué estoy yo aquí, enferma? ¿En qué quedaron mis sueños?

¿Se habían terminado?

Y sin embargo, miraba a mi papá, sintiendo un fuerte mareo de pies a cabeza, sintiendo que iba a morir, mientras que al fondo de mi mente surgía otro pensamiento:

Tengo que cambiar.

Esto fue algo que supe de repente en cada célula de mi ser. Si quería salir de ésta con vida, tenía que cambiar mi forma de hacer las cosas. Tenía que hacer algo diferente. De lo contrario, siempre iba a obtener el mismo resultado.

Pensé en mi enorme trasero. En mis caderas. Mis muslos. En todo el peso extra que había en mi cuerpo y en el estado psicológico en el que había estado la mayor parte de mi vida.

Mis nalgas y caderas: esas partes que aparecieron de repente cuando aún estaba en la escuela primaria y que me impidieron usar *shorts* como las otras muchachas. A partir de quinto grado, fui conocida como «la muchacha del enorme trasero», y otros me llamaban diversos apodos maliciosos e hirientes, la mayoría de los cuales hacían referencia a mis nalgas.

Siempre había tenido problemas con la comida. Mi comportamiento dio un nuevo significado al término «comer emocionalmente». Siendo todavía niña, la comida se convirtió en algo a lo que recurría en cualquier circunstancia. Cuando era feliz, quería sentarme con alguien que quisiera, compartir mi alegría y comer algo. Cuando estaba triste, iba al refrigerador, esperando ahogar mis penas con algo delicioso. Comenzaba el día con tortillas recién salidas del horno y les untaba mantequilla fresca. ¿No parecía todo mejor cuando comía arroz con leche? (¡Mucho!). Cuando necesitaba consuelo, ¿qué es más satisfactorio que unos huevos rancheros con arroz y frijoles, y tortillas de acompañante? Me encantaban los frijoles de todo tipo —negros, bayos, refritos— para mí, son básicamente caviar mexicano. Si necesitaba más sabor en mi vida, agregaba un poco de salsa roja. Cuando quería hablar con alguien, siempre me resultaba más fácil comunicarme si estaba disfrutando de un café de olla con algunas galletas o incluso un delicioso pedazo de pan dulce.

¿Hace falta que mencione mi metabolismo o lo propensa que soy a aumentar de peso? De niña, recuerdo a familiares que pesaban cerca de doscientos veinte kilos y apenas podían moverse. Siempre amé a mi familia, y ciertamente entendí lo fácil que era aumentar de peso. Pero no quería ser así. ¿Me pasaría también lo mismo?

Cuando tenía doce años, me avergonzada de mi peso. Deseaba muchísimo ser delgada como las demás muchachas de la escuela, pero no sabía cómo lograr este objetivo. No debo haber tenido más de trece años cuando le dije a mi mamá por primera vez que necesitaba perder peso. Ella me apoyó, y seguí un plan de dieta muy famoso, de esos en los que pides los alimentos y todas tus comidas se entregan listas para ser preparadas. Y los kilos desaparecieron mientras me apegaba al plan, pero era casi imposible hacer lo necesario para preparar las comidas cuando estaba en la escuela, y en casa estaba rodeada de gente que comía las mismas cosas de siempre. En pocas palabras, recuperé el peso ya perdido y algo más.

A los veintiocho años, y hospitalizada por un quiste en el cerebro, pesaba más que nunca y entendí mejor que nadie la cuestión de la vergüenza corporal. La vergüenza corporal es endémica en nuestra sociedad, y entiendo que no sólo les sucede a las personas con sobrepeso. Recuerdo que una vez hablé con una cliente que me dijo que su mamá la perseguía por la cocina tratando de que comiera mientras gritaba: «¡Mírate! Eres tan flaca que ningún hombre te querrá». Pero no estoy hablando de la clase de vergüenza corporal que ejercemos sobre los demás o que ejercen sobre nosotros. Me refiero a la forma más destructiva de la vergüenza corporal: todas las veces que tenemos opiniones crueles y duras sobre nuestra propia apariencia.

La mayoría de mis problemas de autoestima giraban en torno a mi peso, pero soy consciente de que otras personas con problemas de autoestima se centran en diferentes partes de sus cuerpos. He hablado con mujeres que no pueden dejar de pensar en su barbilla, su nariz, sus senos, sus nalgas o incluso su piel. También con mujeres *delgadas*, cuyos problemas de autoestima han servido para convencerlas de que están *gordas*.

Se han realizado estudios que demuestran que la confianza de las mujeres en sus cuerpos está en baja: es un padecimiento compartido por mujeres y niñas de todo el mundo. Un importante estudio de más de diez mil mujeres publicado por Dove mostró que casi todas las mujeres y niñas (en un ochenta y cinco por ciento y setenta y nueve por ciento, respectivamente) dijeron que prefieren no ingresar a un equipo o club, por ejemplo, evitan hacer cosas con la familia o seres queridos, e ir a lugares a divertirse debido a sus preocupaciones con la imagen corporal.

La actividad más sencilla, como caminar por la playa o ir a una fiesta con amigos, puede producir mucha ansiedad. ¿Qué me pongo? ¿Me quedará bien? ¿Se me saldrá el estómago? ¿Y los muslos? ¿Los senos? ¿El trasero? Dime la verdad, ¿me rebotan las nalgas? ¿Mis brazos se ven extraños? Cuando me pare al lado de mi amiga, que es muy delgada, ¿me sentiré avergonzada? ¿Se avergonzará ella de mí?

Si tienes dificultades con la autoestima, la cuestión de qué ponerte y cómo sentirte cómoda en eventos sociales puede ser un dolor de cabeza continuo y estresante. Sin embargo, esta dificultad palidece en comparación con los otros problemas que podrías enfrentar. A las niñas y mujeres se les hace muy fácil tomar decisiones de vida cuestionables, o de plano malas, debido a la baja autoestima que acompaña a los problemas de imagen. Me di cuenta, y muchas otras mujeres estarán de acuerdo, que a veces es como si la baja autoestima atrajera a parejas románticas y amistades destructivas que se aprovechan de nuestra vulnerabilidad.

Entonces, ¿cómo podía no pensar en mi trasero? Nadie me dejaba olvidarlo.

Cuando llegué al hospital por primera vez, mareada, con el pecho palpitante y casi sin sentido del equilibrio, no sabía qué estaba pasando. Tampoco los médicos, que inmediatamente comenzaron a realizar pruebas.

Cuando todos los análisis cardiacos y de sangre salieron normales, los médicos decidieron que necesitaba una resonancia magnética para poder evaluar mejor mi condición. Sin embargo, casi tan pronto como llegué al departamento de radiología, fue evidente que algo retrasaba el procedimiento. Dos de los técnicos estaban de pie, perplejos. Me di cuenta de que trataban de resolver cómo pasarme de la silla de ruedas a la cama. Y había otro problema: los técnicos me miraron, y luego al escáner; tuvieron una breve conversación en voz baja. En realidad, nadie sacó una cinta métrica, pero sentí como si lo hubieran hecho. Al final, abandonaron la sala y regresaron con un doctor joven. Él fue quien tomó la decisión final:

«No va a caber».

Quiero detenerme aquí. Esa no fue la primera vez que me dijeron que no «cabía». Y no sería la última. Tenía dificultades para sentarme en algunos automóviles, así como en los asientos de los cines. Y de ninguna manera cabía en los asientos de las atracciones en los parques. Si alguno de mis hijos quisiera subirse alguna vez a la rueda de la fortuna o a la montaña rusa, sabía que no podría ir con ellos. Cuando aceptaba encontrarme con alguien en un restaurante, conducía incluso días antes para examinarlo y asegurarme de que las sillas no fueran muy estrechas. Pero mis problemas con «caber» no se limitaban al espacio físico. Cuando empecé a ir a la escuela, había muy pocos latinos, y algunos de mis compañeros dejaron muy claro que no creían que hubiera sitio para mí. Cuando modelaba, no encajaba en la idea de una talla extragrande 14, ni hablar de una modelo habitual de talla 4. No «encajar» ha sido algo recurrente de mi vida. Durante mis matrimonios, hubo momentos en que sufrí abuso físico, psicológico y emocional, y no quería contarle a nadie porque me sentía avergonzada. No dije nada: me quedé en casa, cociné, limpié, perdí mi voz, mi esencia y mi poder. Me acostumbré a las faltas de respeto; obviamente, no encajaba con la imagen que mis exmaridos tenían de una esposa. En los eventos escolares, a menudo era la única mamá soltera en un salón lleno de parejas casadas. «Encajar» nunca ha sido algo que se me diera bien.

Al menos el problema de no caber en la resonancia magnética podía resolverse enviándome a una instalación con una máquina más grande, que fue lo que sucedió. Fue entonces cuando por fin recibí un diagnóstico. Me dijeron que se había formado un saco lleno de líquido en el lado derecho de mi cerebro. Este quiste había estado causando mis problemas recientes de coordinación: el tartamudeo, la dificultad para hablar y la necesidad de agarrarme a las cosas para equilibrarme.

El tratamiento recomendado para un quiste cerebral es la extirpación quirúrgica. Me dio mucho miedo la idea de que alguien operara mi cerebro, o cerca de él, y los médicos me dijeron de inmediato que mi peso hacía que la cirugía fuera aún más arriesgada. Pero en lugar de pensar en los riesgos, pensaba en lo vergonzoso que era ser demasiado gorda para tener una cirugía de cualquier tipo.

Mi propia autoestima había tocado fondo. Era una experta en el arte de odiarme a mí misma. Estaba emocionalmente angustiada y espiritualmente desconectada. Ni siquiera me agradaban mis propios pensamientos. Veía en mi mente películas sobre cosas que ni siquiera habían sucedido en mi vida real. Estaba sola. ¿Quién era yo? ¿En qué me había convertido?

Y ahí estaba, en el momento más bajo de mi vida, con mi papá mirándome a los ojos.

—Rosie, ¿en qué piensas? —me preguntó.

Me hice la misma pregunta: «Rosie, ¿en qué piensas?». Quería gritar, llorar. Oré para que Dios me quitara el mareo y el miedo. Oraba como una desesperada:

«Dios mío, ayúdame».

No podía dejar que este fuera el final de mi vida. Había tanto que quería ver y hacer. Tenía sueños. Quería ser modelo profesional; quería estar en televisión; quería ayudar a otras mujeres demasiado deprimidas para verlo en su momento, pero primero necesitaba ayudarme a mí misma y reconocer y descubrir mi belleza y potencial.

Al borde de la muerte y la desesperación, pude ver todo con mayor claridad. ¿Qué necesitaba hacer para ayudarme? Pensando en los errores que ya había cometido, me di cuenta de que cada decisión importante que había tomado en mi vida hasta entonces había sido el resultado de mis problemas de baja autoestima. Caminando y con vida, me juré hacer un giro total y hacerlo todo de manera diferente. Elegiría amarme ferozmente. Dejaría de permitir que la baja autoestima interviniera en mis sueños y al fin tendría la vida que siempre había deseado.

Y entonces fue como si mis pensamientos desesperados hubieran llegado hasta mi casa en Las Vegas: sonó mi teléfono. Era mi hija, Bella.

Cuando me preguntó, con su dulce voz, cómo me sentía, pude percibir su genuina preocupación. En el fondo, podía escuchar el ajetreo y bullicio a su alrededor. Pude visualizar a mi precioso Valentino, mi niño de espíritu indomable, que nació con parálisis cerebral. Sus actividades diarias le presentaban desafíos extremos. En ese momento ni siquiera podía levantar la cabeza y dependía de mí para todo. Observaba cada uno de sus movimientos, siempre preocupada por su capacidad de respirar y mantenerse vivo. Si yo no estaba allí, uno de mis papás siempre lo atendía. ¿Qué sería de Valentino si me pasara algo? ¿Y mi hijo menor, Alex? Un niño inteligente, divertido e hiperactivo, que estaba aprendiendo a caminar y no podía quedarse quieto.

Después de que Bella colgó, sentí como si acabara de recibir un abrazo del cielo. Mis hijos eran la prueba de que algo bueno podía resultar de cualquier situación, incluso de relaciones desastrosamente fallidas. Pensé en mis papás y miré a mi papá. Experimenté una repentina oleada de gratitud. Yo vivía en su casa y trataba de mantener a mis hijos como maquillista mientras trabajaba de tiempo completo en la oficina de mi papá. Sabía que dependía demasiado de ellos, a quienes había decepcionado más veces de las que quería recordar.

Cambiar. Cambiar. Cambiar. Era tan necesario como el aire.

¿Necesitaba encajar, ser como todos los demás? No, ni siquiera quería eso.

Observé mi cuerpo: las caderas que no cabían en una resonancia magnética, pero que habían dado a luz a tres bebés y me habían ayudado a atravesar tantas situaciones difíciles. Tenía mucho por qué vivir. Decidí que no debía disculparme, avergonzarme o sentir pena por mi enorme trasero: reconocí que era hermoso, ¡era un regalo! Al igual que un quiste cerebral que a nadie desearía fue un catalizador para cambiar mi vida, mi enorme trasero me había enseñado algo invaluable.

Empatía. Compasión. Por todas las burlas, el acoso, las críticas y la vergüenza que había recibido a causa de él (y toda la vergüenza que yo misma me hacía sentir), supe que nunca trataría a otra persona de esa manera. Decidí estar agradecida por esas experiencias, más allá de lo dolorosas que habían sido.

En ese punto sabía que no necesitaba «encajar», pero sí sobrevivir.

A menudo les cuento a mis clientes sobre este momento oscuro porque mi quiste cerebral fue la manifestación física del padecimiento emocional que yo había estado sufriendo durante la mayor parte de mi vida. Por mucho tiempo, antes de enfermarme, había tenido baja autoestima en el corazón. No me di cuenta de que por años reprimí mi espíritu por hombres que, de todos modos, nunca me merecieron y que esto podría provocar una enfermedad física. No consideré la posibilidad de que absorber comentarios hirientes de todas partes, avergonzarme de mi cuerpo y compararlo con el de los demás podría afectar no sólo mi espíritu y mi «yo» interior, sino también influir en mi cuerpo físico, el «yo» exterior. Mi quiste cerebral era todo el equipaje que cargaba, mis problemas de imagen corporal y de autoestima. Es por eso que la decisión que tomé en ese momento era tan importante. Necesitaba lidiar con mis problemas de autoestima *y cambiar mi historia*. Sólo tenía una misión: sanar de ese quiste y, al hacerlo, sanar también mi corazón y todas mis inseguridades.

Quería tratar de sanar naturalmente, pero para ello necesitaba una intervención más radical. Comencé con diuréticos y esteroides para reducir la inflamación y restaurar en parte mi sentido de equilibrio. Una vez que las cosas se estabilizaron, comencé a investigar y a probar una amplia gama de tratamientos médicos complementarios y alternativos, incluyendo la terapia de quelación, la oxigenoterapia, la vitamina C intravenosa y una dieta de detoxificación de jugo verde. No más azúcar o pan para mí. De hecho, fui vegana por un tiempo. Necesitaba limpiar mi sistema y haría lo que fuera necesario. Quería vivir, y quería poder cuidar a mis hijos. Estaba cansada de no poder caminar y tener que usar los brazos para levantar la pierna cuando necesitaba subir una escalera o una acera. No podía seguir así, y no quería vivir una vida en la que no pudiera hacer ejercicio o bailar.

Luchando por mejorar, pasé horas buscando en diversos libros cualquier información que pudiera servirme para ayudarme a sanar. Pero no era sólo mi cuerpo. Había sobrecargado mis pensamientos y emociones con negatividad, ira y arrepentimiento por el pasado. No podría recuperarme hasta que soltara la infelicidad que llevaba en el alma, la mente y el espíritu. Mi estado psicológico y ser interior estaban ahogándose en el equivalente emocional de la comida chatarra y tóxica. Para mi bienestar físico y mental, necesitaba deshacerme de toda la basura emocional. El primer cambio que necesitaba ejercer era mejorar mi actitud hacia mí misma.

Haz algo diferente: ¡cambia tu historia!

Tal como logré darme cuenta en el hospital, necesitaba aprender a amarme realmente. Durante años había estado vapuleándome, así que necesitaba ser amable. Tenía que dejar de descalificarme sólo porque no era como todos los demás. No se trataba de «encajar», de intentar perder peso para que los demás me aceptaran; se trataba de estar saludable, primero por mí y luego por mis hijos. Necesitaba ponerme en una posición donde mis sueños tuvieran la oportunidad de hacerse realidad.

Sabía que había mucho trabajo por hacer. Sabía que una buena autoestima no caería del cielo, sin más. Tenía que cambiar mis hábitos alimenticios (difícil), ejercitarme regularmente (difícil), ser disciplinada en cuestión de dinero (difícil). Y, para colmo, también quería encontrar el amor. Pero incluso antes de eso, sabía que necesitaba dejar de tolerar el abuso y exigir respeto.

Y algo que nunca pensé que diría: necesitaba darme cuenta de que MI TRASERO ES UN REGALO.

Dios nos creó a todos y todo lo que somos. Y estoy aprendiendo a sentirme agradecida por todo lo que soy.

Todos tenemos equivalentes a mis nalgas y caderas. Todos tenemos algo que no encaja en el mundo ideal, TODOS. Incluso esa mujer aparentemente perfecta que ves en la televisión, con sus dimensiones perfectas, perfectamente arreglada. Ni ella se siente perfecta. En mi caso, tengo un enorme trasero. ¿Y qué? Desde el momento en que me hospitalizaron, he perdido más de noventa kilos. Pero sigo teniendo celulitis. Nunca se irá. Y sigo teniendo un enorme trasero, y eso no es algo malo. Si realmente voy a amarme, no puedo excluir ciertas partes de mí. Me tomó muchos años comprender que nadie carece de los llamados «defectos», que prefiero considerar ahora como esas cosas que nos hacen *únicos*, y que también son regalos individuales. Mi trasero me enseñó sobre la empatía y la compasión; la parte que te hace diferente puede que también tenga algo que enseñarte.

Nuestras «imperfecciones» físicas son lo que nos hace interesantes y hermosos. Busca cualquier lección que pueda hallarse en ellas. Celebra y ama tu cuerpo; ese cuerpo te pertenece. Celebra quien eres y concéntrate en la vida que deseas. Mientras más agradecida estés, más cosas buenas se materializarán en tu vida.

CAPÍTULO 2

Lucha por tu vida

SOY LA MAYOR DE CUATRO HIJOS. MI HERMANO, JUNIOR, es tres años menor; a mi hermana Priscilla le llevo cinco años, y a mi hermana Lily, la bebé, siete. Mi niñez transcurrió de manera bastante feliz en el rancho de nuestra familia: éramos dueños de varias hectáreas en el sur de California, y recuerdo la alegría de volver a casa de la escuela y subirme a los cuatrimotos para recorrer toda nuestra propiedad.

Pero eso no duró mucho. En 1987, cuando tenía siete años, todo cambió. El mercado de valores se derrumbó, y la economía de California se estancó. El negocio familiar era de limpieza de construcciones, pero la construcción se había paralizado casi por completo. Mis papás lo perdieron todo, incluso nuestra casa; no tuvieron más remedio que comenzar desde cero, y mudarse a un pequeño departamento de alquiler de dos habitaciones en Las Vegas.

Incluso a mi corta edad, sabía que nuestro nuevo departamento y el vecindario eran un humilde comienzo. Como no teníamos muebles, dormíamos sobre sábanas extendidas en el suelo para cubrir la viejísima alfombra, que tenía un tono de rosa peculiar y a la que, al parecer, era alérgica, ya que me causó una erupción cutánea y una costosa visita al doctor.

Mi papá, a quien siempre describo como un visionario con espíritu emprendedor, decidió que Las Vegas era donde debíamos estar. ¿Cómo supo adivinar que el sur de Nevada pronto experimentaría un auge en construcción? Ese es el tipo de cosas que siempre parecía saber de antemano.

Cuando juntamos todo y nos mudamos a Las Vegas, mis papás no tenían familiares que hubiesen llegado antes que ellos. Tenían poco dinero en su bolsillo y no conocían a una sola persona. Sé que extrañaban a sus familiares y amigos en California. Cuando era pequeña, los celulares no formaban aún parte del día a día, y recuerdo que mi mamá quería hablar con sus conocidos, pero las llamadas eran demasiado caras. El objetivo de mi papá era darles a su esposa y su familia una vida mejor y, para lograrlo, ambos tuvieron que dar un gran salto de fe. Mi papá comenzó su empresa a la antigua: tocando a las puertas y buscando trabajo. En California, teníamos una pequeña flota de siete u ocho camiones que circulaban todo el tiempo. Pero cuando nos mudamos, el negocio consistía en mi papá, mi mamá y un viejo camión que pudimos conservar porque estaba pagado. ¡Gracias a Dios que mi papá cuidó tan bien del camión, manteniéndolo en condiciones óptimas sabiendo que sería nuestra futura fuente de ingresos! Hoy el negocio tiene varios empleados y casi la misma cantidad de vehículos, pero en aquel entonces, pasaron meses antes de que pudiéramos comprar muebles. Mis papás siempre nos enseñaron a apreciar las cosas sencillas de la vida, y cuando todos fuimos a Walmart a comprar plástico para poner en el suelo antes de dormir, fue un gran y esperado cambio.

Ese primer departamento en Las Vegas es un recuerdo lejano, pero tengo presente que, además de ayudar a mi papá a administrar el negocio, parecía que mi mamá nunca dejaba de lavar los trastes y limpiar, y mi papá siempre estaba metido en proyectos para mejorar el hogar. Nuestra casa siempre fue una prioridad, y tan pronto ellos comenzaron a ganar más dinero, usaron al menos una parte para crear un espacio más cómodo. Dos años después de que nos mudáramos, habían hecho magia con el espacio: los suelos estaban cubiertos con una alfombra nueva color *beige*, y mi papá había vuelto a pintar todo de blanco. Mi mamá había insistido en reemplazar la bañera, que seguía muy manchada sin importar con cuánto blanqueador la limpiara, y les aseguro que mi mamá sabe usar el blanqueador. Mientras hacían todo lo demás, también remplazaron el refrigerador, la estufa, el fregadero y todos los gabinetes de la cocina. Mi papá arregló la cocina y el baño con azulejos blancos brillantes para que fuera el departamento más hermoso del complejo. A cambio de todo su trabajo, recibimos un descuento en el alquiler. Después de mudarnos, la administración del edificio utilizó el departamento como modelo para atraer a otros inquilinos.

Nos mudamos porque necesitábamos más espacio, y me gustó nuestro siguiente domicilio: una linda casa de tres habitaciones con una pequeña casita en la parte trasera que se usaba como oficina para el negocio. Pero la vida no siempre fue llevadera en nuestro nuevo vecindario, donde vivían familias de distintas culturas. Un día —creo que tenía apenas diez años— nuestra pequeña casa fue blanco de tiroteo desde un automóvil en marcha. Me horroricé al oír los disparos provenientes del exterior. Cuando la policía llegó, pudieron ver que las balas habían penetrado la parte delantera de la casa. Para entonces, mi mamá y mi papá tenían nuevas amistades, y nos salimos de inmediato para quedarnos con ellos. Todavía puedo sentir el pánico de mi mamá mientras se apresuraba a meternos en el automóvil. Creo que mis papás volvieron deprisa a buscar nuestras cosas, pero no había forma de que mi mamá y mi papá nos dejaran quedarnos allí una noche más.

Nunca pudimos determinar si el tiroteo fue accidental —algunos muchachos con armas— o intencional. Y si fue intencional, ¿por qué a nosotros? Pero eso no importaba: mi mamá y mi papá no querían arriesgarse. Se aseguraron de encontrar otra casa en un vecindario diferente al otro lado de la ciudad. En cuestión de semanas estábamos en un nuevo domicilio, y vivimos ahí hasta que terminé la preparatoria. La casa, ubicada en un vecindario tranquilo y amistoso, tenía un patio bonito y palmeras al frente. Lo mejor era que tenía mi propia habitación con mi propio armario. El cuarto tenía una alfombra azul marino, y casi todo lo demás era blanco. Por primera vez desde nuestro revés financiero, tuve mi propia cama, buró y armario. Estaba muy emocionada de tener una habitación propia. Mis papás pudieron comprar la propiedad, así que ya no rentábamos. El negocio también había crecido y pudieron alquilar un espacio separado para la oficina, así que por primera vez nuestra casa era sólo un hogar.

Las prioridades de vida de mis papás siempre han sido muy claras: la fe, la familia, el trabajo y contribuir. Esto último era muy importante para ellos: nos enseñaron que cuando somos bendecidos, tenemos que compartir. Compartir es un ciclo sin fin. Cuando das, también recibes, pero debes asegurarte de tener corazón para dar. Nos enseñaron que la familia era lo primero, y sus prioridades y su devoción me resultaban absolutamente naturales. ¿Acaso no todos los papás adictos al trabajo dejaban todo para correr a casa y quedarse allí cuando alguien de la familia estaba enfermo? Nadie tenía dudas sobre cuál era su prioridad. Siempre se aseguró de que pasáramos los domingos haciendo algo juntos como familia, y tan pronto mejoró el negocio, apartaba un mes de cada verano para que fuéramos de vacaciones. Al principio íbamos en la camioneta familiar, pero no pasó mucho tiempo para que mi papá pudiera conseguir una casa rodante. Las playas mexicanas, incluyendo Cancún, eran nuestros destinos favoritos, e inevitablemente terminamos viajando a lo largo de la costa para visitar a nuestros familiares mexicanos. A todos nos encantaban los kilómetros y kilómetros de playas en Mazatlán; mis hermanas y yo ansiábamos ver las joyas de plata a la venta, y que las muchachas nos trenzaran el cabello con sus manos hábiles. Cuando terminaban, nuestros pelos estaban cubiertos de docenas de trenzas apretadas, tejidas de manera tan experta que duraban días.

Pero tan dedicado como era mi papá, era igual de estricto. También mi mamá. Había reglas muy definidas que esperaban que siguiéramos. Todos teníamos que levantarnos y estar listos antes de las cinco de la mañana porque, como nos recordaban a menudo, «al que madruga, Dios lo ayuda». El tiempo de televisión era limitado, y no había llamadas telefónicas después de las ocho de la noche. Éramos una familia mexicoamericana con valores y creencias tradicionales. No me permitían ir a fiestas o pijamadas, y siempre supe que no me darían permiso para cortarme el pelo, usar faldas más cortas (tengo que decir que mi papá siempre lo justificaba así: «Tú eres hermosa tal como eres, no tienes que tratar de parecerte a las demás»), ni hablar con muchachos hasta que tuviera diecisiete años. Esperaba casarme joven, como mis papás, y formar de inmediato mi propia familia. Nunca se me ocurrió pensar en un tipo de vida diferente. Cuando era niña, esta clase de meta, este tipo de vida, me parecía bien.

Mi mamá y mi papá se conocieron en Los Ángeles cuando eran adolescentes. A los dieciséis años, mi mamá ya trabajaba haciendo limpieza en un pequeño hotel. Era propiedad de una mujer de Vietnam quien cambió la vida a mi mamá. Esta mujer apreciaba tanto el trabajo de mi mamá que le dio un lugar para vivir y ascensos regulares. Cuando mi mamá cumplió dieciocho años, era gerente de tiempo completo en el hotel. Mis papás se conocieron cuando él, de diecisiete años, llegó a recoger a su hermana, que se hospedó allí brevemente. En ese tiempo, mi papá tenía varios trabajos: era mecánico de automóviles durante el día y ayudaba en una taquería por las noches. También estaba comenzando su propio negocio de limpieza de construcción.

La reacción inicial de mi mamá hacia mi papá fue tibia. Cuando la invitó a salir, ella dijo que no. Mi papá es alto y guapo, y en esa época les gustaba a tantas muchachas (y mujeres) que la hacía sentir incómoda. Le preocupaba que fuera un donjuán y que le fuera a romper el corazón. Mi papá persistió, y ella comenzó a ver, como dice mi mamá, que su joven pretendiente era un «buen hombre, trabajador y de buen corazón». Al final, le hizo un planteamiento que ella estaba dispuesta a escuchar: «Mira», dijo, «estoy harto de salir a citas y tú eres la mujer de mi vida. Sólo dame una oportunidad, conóceme».

En su primera cita, sólo tenía dinero suficiente para pagar la comida de ambos, pero había allí un niño, obviamente hambriento, que necesitaba ayuda. Mi papá, de corazón bondadoso, no podía mirarlo y simplemente comer, así que le entregó su plato al niño. Ese acto amable conquistó a mi mamá.

Cuando se casaron, mi papá, de dieciocho años, y mi mamá, de diecinueve, eran muy jóvenes, pero increíblemente maduros. Tuvieron una boda pequeña frente a un juez. Yo nací el siguiente año. La gran celebración tuvo lugar veinticinco años después, cuando renovaron sus votos matrimoniales ante toda la familia. Mi mamá se vistió de blanco, y mi papá lució un gran sombrero vaquero; los dos estaban radiantes. Yo estaba muy callada en ese momento. Al ver a mis papás intercambiar votos nuevamente tras veinticinco años, supe que nunca podría renunciar al amor.

Mis abuelitas preciosas

Mis dos abuelitas eran mujeres únicas que apreciaban la vida y transmitieron sus actitudes a mis papás. Ambas se divorciaron, que era muy inusual en nuestra cultura en su momento. Se esperaba que las mujeres de su generación se casaran y toleraran toda clase de comportamiento masculino. Se esperaba que prepararan la cena y no causaran problemas. Mis dos abuelitas lucharon por tener sus propias vidas y se consideraban mujeres independientes.

Desde fuera eran muy diferentes, pero ninguna era menos maravillosa que la otra, y yo adoraba a ambas. La mamá de mi mamá, mi abuelita Mercedes, nunca quiso venir a los Estados Unidos porque prefería vivir en México con sus costumbres, tradiciones y hábitos a los que no quería renunciar. Se mantenía de la venta de los huevos y las verduras que cultivaba. Manzanillo, la pequeña y muy húmeda ciudad mexicana donde vivía, tenía una calle principal; la playa estaba a un lado y la exuberante selva al otro. Mi abuelita era una mujer muy pequeña, de no más de metro y medio de estatura, con el cabello largo y blanco siempre trenzado, nunca suelto. Cuando pienso en ella, la dulce imagen que siempre me viene a la mente es verla sentada en una silla en el patio con sus trenzas largas, orando y arrojando maíz a los pequeños y grandes pollos a su alrededor.

Mi abuelita, sobre todo, respetaba todas las religiones y a todas las personas, y amaba a Dios. Quedo huérfana de pequeña, y se crio en un convento. Las lecciones espirituales más elevadas que la vida le enseñó sobre el amor y la compasión fueron esenciales para ella. Ella siempre fue un modelo a seguir, y siempre la tuve como alguien conectado personalmente con todo lo que tuviera que ver con el amor de Dios.

En cierta forma, mi abuelita pasó por la misma historia que yo. Tuvo tres hijos de diferentes relaciones. Al final, prefirió vivir sola a compartir su vida con un hombre infiel, y mi mamá nunca conoció a su papá. A pesar de todas los traumas y las tensiones, mi abuelita no parecía ser capaz de enojarse. Debo decir aquí que ciertamente no heredé esta parte de su carácter: cuando alguien hace algo para ofenderme o molestarme, mi respuesta habitual era rápida, reactiva y explosiva. Implica mucho trabajo controlar mi mal genio. Pero mi abuelita parecía haber sido bendecida con un carácter dulce y santo. Cuando estabas cerca de ella, era fácil ver que sus puertas siempre estaban abiertas para cualquiera que necesitara apoyo.

A pesar de ser chapada a la antigua, también era una mujer sabia y muy adelantada a su tiempo. Al sentirse infeliz tras ser engañada, nunca toleró la infidelidad y siguió adelante sola. Pocas mujeres de su generación estaban preparadas para vivir vidas independientes. Pero ella lo hizo. Mi abuelita tenía noventa y ocho años cuando murió. Yo la quise muchísimo. Mi abuelita Mercedes era muy sencilla, espiritual y muy feliz cuando bendecía y hablaba con su jardín de flores; la gratitud fue una práctica constante para ella. Ella no sólo fue un alma hermosa, sino también un ser muy poderoso.

La mamá de mi papá, que vivía cerca de Los Ángeles, fue otra gran influencia, pero de manera completamente distinta. Mi abuelita María, a quien todos llamábamos «Mamá», era una mujer trabajadora que tenía dos trabajos para mantener su independencia. Era una católica muy religiosa y su casa estaba decorada con velas que la inspiraban a rezar regularmente. Mamá tenía varias otras prácticas espirituales, como usar salvia habitualmente para limpiar su entorno. Yo ahora, como hacía ella, me rodeo de velas, y cada vez que saco mi salvia, recuerdo el tiempo que pasaba con Mamá.

Mamá era un espíritu libre que se sentía atraída por las luces brillantes de su gran ciudad. Me sentía muy afortunada cuando mis papás me permitían quedarme con ella varios días, a veces hasta una semana. Mamá soñaba con convertirse en una cantante famosa, algo que nunca logró, pero aun así practicaba a diario y cantaba con todo el corazón. Su ejemplo me mostró que había que luchar por los sueños. ¡Y que para ello teníamos que practicar, practicar y practicar!

Mamá era una madrugadora, y ya andaba despierta y alerta al amanecer. Tenía un perro llamado Toby, y cuando yo estaba allí, comenzábamos el día sirviéndole el desayuno: *hot dogs* y pan. Luego íbamos a su habitación: tenía una ventana a cada lado, y siempre se podían ver y escuchar los pájaros que se congregaban en los arbustos cercanos. Recuerdo estar sentada en la cama extrancha cubierta con un elegante edredón de terciopelo color tinto, con mi libreta y un lápiz amarillo en mano mientras Mamá ponía sus casetes, por lo general de Ana Gabriel. Mi trabajo consistía en escribir rápidamente las letras para que Mamá pudiera memorizarlas.

Una de las cosas que más me gustaban de su casa era su gran armario para visitas, donde almacenaba toda una variedad de ropa elegante y *vintage*, ¡incluyendo botas, brazaletes y pantalones acampanados! ¡Mi abuelita me dejaba probarme cosas, e increíblemente: ¡¡¡ME DEJABA USAR MAQUILLAJE!!!

—Puedes usarlo —me decía—, pero no le digas nada a tu papá.

Tenía rímel azul neón y un lápiz labial mágico que cambiaba de color después de aplicarlo. Me ponía todo en el rostro —colorete, base, rímel—, y me dibujaba las cejas más oscuras que te puedas imaginar. Era un desastre, pero pensaba que me veía fabulosa.

Las primeras enseñanzas de mis papás

Mi hermosa mamá era (y es) una fanática de la limpieza; una verdadera maravilla con su aspiradora. Manteniendo su actitud, así como la misma tendencia de limpieza absoluta que le había funcionado tan bien en sus días en el hotel, incluso se fijaba en las huellas dejadas en la alfombra. Y no me refiero a la suciedad, sino a las ligeras marcas dejadas por los pies limpios. Uno de los lemas de su vida es: «El jabón no es caro, así que no hay excusa para no usarlo». Y recuerdo haber escuchado más de una vez: «Rosie: tu cuarto se convertirá en tu departamento, y tu departamento se convertirá en tu hogar. La forma en que lo mantengas será un reflejo de ti. Muéstrate respeto y amor propio».

Estaba decidida a que todo lo que lleváramos puesto se viera impecable y bien planchado. Como le gustan las cosas crujientes y limpias, incluso almidonaba y planchaba las sábanas. Como la hija mayor de la casa, era como si hubiera aprendido a planchar poco después de aprender a caminar. Mi mamá, que cree en el vapor a gran escala junto con su almidón, me enseñó a asegurarme de que todas las costuras de nuestra ropa estuvieran perfectamente rectas.

Pero cada vez que mi mamá decía:

—Plancha esto —mi papá tenía su propio consejo.

—¡Ven a escuchar esto! —decía, agitando con entusiasmo un casete o un CD.

Verás, tan enfocada como estaba mi mamá en la limpieza, mi papá estaba aún más obsesionado con el desarrollo personal y el auto-empoderamiento. Era apasionado y le interesaba el crecimiento personal. Siempre quiso aprender porque sabía que eso lo convertiría en un mejor proveedor para su familia. Decía: «Rosie, estoy invirtiendo en mí para darte un futuro mejor». Desde que tengo memoria, los casetes, libros y seminarios de superación personal han formado parte de su vida, y, como consecuencia, de la mía. Es un hombre que se forjó a sí mismo, y su éxito es indiscutible. Él atribuye todos sus logros a varios maestros de la motivación, entre ellos Napoleon Hill y Dale Carnegie. Pero cuando hablaba de Tony Robbins, lo cual hacía más de lo que me gustaba, parecía referirse a uno de sus familiares preferidos.

Me presentó los conceptos de la superación personal y el *life coaching* cuando yo era muy joven. Lo recuerdo yendo a seminarios con líderes y oradores motivacionales, y volvía a casa entusiasmado, hablando sobre lo que había aprendido y los planes que mentalizaba para alcanzar sus objetivos personales y profesionales, lo que, por supuesto, tendría un enorme impacto en la familia. Mi mamá escuchaba atentamente y compartía su entusiasmo. Muchas veces me exhortó: «invierte en ti misma» o «edúcate», «domina tu oficio» o «conviértete en un mejor ser humano», pero, a decir verdad, no prestaba casi ninguna atención a lo que decía. Eso era algo de mi papá, no para mí. Lamento no haber prestado atención en ese momento. De haberlo hecho, mi vida pudo haber sido muy diferente.

También desearía haber aprendido más sobre la experiencia de mi papá cuando aún era una niña. Sabía que era un hombre que se hizo desde abajo. Llegó de México a este país cuando tenía doce años. No terminó la preparatoria, y se enfrentó a enormes obstáculos: el idioma y una absoluta carencia de recursos financieros más allá de lo que podía ganar cada semana haciendo trabajo físico, apenas para empezar. Mi papá, un esposo siempre increíblemente devoto con cuatro hijos, se casó cuando era muy joven y sólo tenía diecinueve años cuando yo nací. Trabajaba día y noche, y sacrificó mucho por la familia. Nunca lo vi tomarse una tarde para «pasar el rato con los amigos». Siempre íbamos nosotros primero. Cuando nos mudamos a Las Vegas, mi papá lo hizo porque quería que sus hijos tuvieran más oportunidades. Había decidido ser exitoso, y lo hizo por cuenta propia, creando en última instancia una compañía multimillonaria.

Pregúntale a mi papá cómo logró todo lo que hizo, y él lo atribuirá a todos los casetes de superación personal que compró y los seminarios de motivación que convirtió en rutina. Consideraba el gasto como una inversión en el futuro de nuestra familia. Recuerdo ver una fotografía suya, graduándose de una conferencia de liderazgo a la que asistió. Vestía de traje y corbata, lo que significaba que era un asunto importante y tomado muy en serio. También lo atribuye a creer en la autosuperación. Tanto mi mamá como mi papá nos enseñaron también a compartir lo que tenemos con quienes necesitan ayuda. «Y hazlo con buen corazón», decía mi papá, que siempre ha sido un hombre de fe. «Lo único que importa es tu corazón. Cuanto más tienes, más das». La intención de mi papá era asegurarse de que tuviéramos más oportunidades de las que él tuvo.

Vi personalmente cómo todas esos casetes y seminarios lo cambiaron, transformándolo en alguien más tranquilo y seguro de sí mismo. Sus lecciones lo ayudaron a enfrentar mayores retos de negocios. No obstante, lo escuchaba hablar sobre cosas como el autodominio, y yo me desconectaba. Así ocurría a menudo entre mi papá y yo. Lo admiraba, pero realmente no quería que me dijera qué hacer o cómo hacerlo. En otras palabras: no prestaba suficiente atención a su proceso. Pensaba que era exitoso porque era extraordinario, no por nada de lo que hacía conscientemente, o por el camino que seguía de manera deliberada.

No fue hasta que empecé a centrarme en mis propios objetivos y metas que me percaté que sus logros no se produjeron por accidente; él había seguido un camino bien planeado. Claro: sus objetivos eran muy diferentes a los míos, pero ambos queríamos salud y felicidad para nosotros y nuestras familias, y teníamos grandes sueños y aspiraciones. Fue sólo cuando empecé a centrarme en mis propios objetivos que su voz de años atrás resonó en mi cabeza. Recordé lo que decía, y sus consejos a menudo encajarían en el momento adecuado, como piezas de rompecabezas.

«Sigue caminando: puedes llorar sobre la marcha»

Ése es uno de los consejos favoritos de mi papá. Él es incansable. Cada vez que él, o alguien de la familia, enfrenta un problema, no se da por vencido, y no deja de buscar respuestas. No hay tiempo, desde su punto de vista, para sentir pena por ti mismo. «Tienes que luchar por tu vida», recuerdo que siempre decía. «¡Deja de llorar! ¡Oriéntate siempre a la acción! Así es como obtienes resultados; ¡tu vida es importante, y tienes que luchar por ella! Está bien sentir lo que sientes, vívelo, pero sigue adelante».

Cuando las cosas me salían mal, me quedaba paralizada. Cada vez que eso sucedía, mi papá inmediatamente comenzaba a decir lo que pensaba que me sacaría de mi inmovilidad: «¡Emociónate! ¡Muévete! ¡Nadie lo va a hacer por ti!». Mi papá es la personificación del término «hacerse desde abajo». Me señalaba mis errores aunque no me agradara.

A veces no podemos ser honestos con nosotros mismos y necesitamos que alguien más nos diga las cosas. Puede que no nos guste, pero debemos apreciar a quienes nos muestran la verdad que nos ayudará a crecer. Mi papá me impulsó a desafiarme a mí misma. Es exitoso porque nunca ha renunciado a buscar nuevas y mejores soluciones para los retos que se planteaban como crisis en su vida. No se rinde. Y quiere asegurarse de que nadie a su alrededor se rinda tampoco. Ante un problema relacionado con el bienestar de cualquier miembro de su familia, no se debe esperar de mi papá palabras suaves y comprensivas. En cambio, se convierte en un duro sargento inspirado por el amor, que grita instrucciones: «¡Vamos! ¡Hagamos esto!». Y sí, «Sigue caminando, siempre puedes llorar sobre la marcha».

Una y otra vez, mi papá dice lo mismo: «¡Deja de quejarte y da la cara por ti misma, tienes que luchar por tu vida!».

Lucha por tu vida

Cuando mi papá me decía que luchara por mi vida, no sólo me recordaba que siguiera respirando y cuidara mi ser interior: tenía un objetivo mucho más grande y profundo en mente. Quiero que te detengas y pienses en esto, y que no pienses únicamente en todo lo que sucede a tu alrededor en este momento, sin importar cuán grande o pequeño esos sucesos parezcan de repente. Piensa en la perspectiva más amplia. Piensa en tu fe y en lo que crees; piensa en lo que percibes como tu propósito en la vida. Y si no tienes claro cuál es tu propósito, piensa en él detenidamente, concentrándote, hasta que empieces a encontrarlo. Si el dinero no fuera un problema, ¿qué te gustaría hacer con tu vida? ¿Cómo sería? ¿Cómo se sentiría? ¿Qué enciende tu alma? Como mi papá me recordaba a menudo: «No quieres encontrarte al final de tu vida llena de remordimientos porque nunca te arriesgaste y luchaste por lo que creías». Desde niña, no pude evitar ser consciente de que mis papás creían firmemente en luchar por lo correcto y por sus vidas, una actitud que les inculcaron mis dos abuelitas quienes lucharon por mantener su autenticidad y sus valores. Ten el valor de pedir lo que quieres. Deja que el universo sepa que estás lista. La clave es aprender a pedir con claridad. Recuerda: el universo te está escuchando.

Mi papá tiene cincuenta y nueve años y sigue tan motivado como cuando era joven. En su vida, creo que atrajo más abundancia porque siempre se guio por los valores más que por el ego. Un cambio enorme y energético tiene lugar en tu vida cuando le das prioridad a tus valores. El propósito principal de mi papá era asegurarse de que sus hijos tuvieran más oportunidades que él. Cuando yo era más joven, ansiaba atención y dinero. Ahora me doy cuenta de que mi principal preocupación es dejar un legado para mis hijos. Eso es lo que verdaderamente me importa.

Comienza a vivir según tu propósito de vida y no te preocupes por que algunas personas se enojen contigo en el camino. Si quieres vivir una mejor vida, no puedes siempre esperar la validación de los demás. Recuerda que luchar por tu vida significa abrazar tu «yo» auténtico. La vida se trata de descubrir quién eres y causar un impacto con lo que dices y cómo actúas. Todos los días, cuando salgas de la cama, di: ¡MI VIDA IMPORTA! ¡YO IMPORTO! Ésta es una declaración poderosa. Nunca dejes de luchar por tus sueños. ¡Ve a crear tu legado, y reclama lo que es tuyo!

CAPÍTULO 3

Tu voz importa

SI MIRAS MIS ÁLBUMES DE FOTOGRAFÍAS DE MIS AÑOS de preparatoria, no encontrarás una sola donde aparezca asistiendo a un baile de graduación, fiesta o juego de beisbol. Sufría de la sensación constante de no pertenecer, y puedo decir, con toda sinceridad, que no asistí a un solo evento social de la escuela. Luchaba por volverme invisible y nunca pedía la palabra; pocos de mis compañeros de clase sabían mi nombre. Los más amables, que empleaban algún apodo amistoso, se dirigían a mí como: «Hola, carita de muñeca». Otros me llamaban «hipopótamo», «gorda», o cosas peores.

Estando en casa con mi familia, sabía que era amada y que tenía un lugar en el que pertenecía. En la escuela, incluso cuando las cosas parecían ir bien, estaba alerta, esperando que alguien hiciera o dijera algo hiriente; me sentía como una desconocida ajena a todo, a punto de ser acosada o maltratada. Mirando hacia atrás, me doy cuenta de que esto fue algo que tuve que experimentar para convertirme en la persona que debía ser. En aquel entonces, estaba principalmente conectada con mi incomodidad.

No hace falta decir que dejé que mi peso desempeñara un papel clave en mi infelicidad. Desde mi punto de vista claramente distorsionado, parecía que mis compañeras de clase se volvían más y más delgadas mientras yo engordaba más y más. Ahora sé que todo esto estaba en mi mente, pero en ese entonces, nunca hubo un momento en que no pensara que era enorme en comparación con otras muchachas, y cada kilo pesaba tanto en mi estado psicológico como en mis caderas. ¿Estaba destinada a que mi tamaño me definiera para siempre?

Mi mamá es una gran cocinera. Nuestro día comenzaba con un desayuno abundante y maravilloso que incluía jamón, huevos, frijoles refritos y pan dulce mexicano con canela, perfecto para sumergirlo en un increíble café negro con crema dulce. Es tan ligero y delicioso que es casi imposible no devorarlo, lo hacía todos los días. Aunque me encantaba comer, mis habilidades culinarias son mediocres. Mi mamá me enseñó a limpiar, pero sus lecciones de cocina nunca tuvieron éxito. *Puedo* cocinar, pero no necesitaba hacerlo porque ella era una mujer maravilla y lo hacía todo.

Mis papás, que enfatizaban el aprendizaje, siempre quisieron asegurarse de que tuviéramos una buena educación en un ambiente seguro por lo que, poco después de llegar a Las Vegas, reunieron suficiente dinero para enviarme a una escuela católica privada, donde era una de las pocas mexicoamericanas. Esto reforzó mi sensación de ser diferente a las demás muchachas, que formaban grupos. Siempre estuve al margen, y sola.

Teníamos maestros comunes, no monjas, pero aun así había muchos rezos. La escuela estaba dirigida por un sacerdote que previamente había sido guardia en una prisión; tal vez ésa era su excusa para tratar a los estudiantes como si fueran reos. Durante la práctica del coro, estaba particularmente obsesionado con asegurarse de que todos cantáramos lo más alto posible. Recuerdo estar parada durante lo que parecían horas, todos gritando cada vez más fuerte hasta que él estuviese satisfecho.

Creo que todas las muchachas que alguna vez fueron a una escuela católica se han quejado del «uniforme». El mío no era diferente: las muchachas tenían que usar camisetas feas de algodón metidas en las horrendas faldas plisadas azul marino. Como la más gorda de la clase, me conocían como la muchacha de cara bonita y trasero enorme. Esas faldas hacían que incluso las más flacas parecieran gordas, así que por supuesto hicieron que mis amplias caderas se vieran aún más grandes de lo que eran. Trataba de cubrirme lo más posible, envolviéndome con suéteres enormes aun cuando las temperaturas de Las Vegas superaban por mucho los treinta y siete grados. Y sí: en ese momento, mi peso y mi herencia latina me convirtieron en un blanco fácil para el acoso. Fue brutal. Durante Educación Física, algunas de las otras muchachas intentaban golpearme con el balón de voleibol. Recuerdo a una que gritaba: «¡Muévete, que no puedes correr, gorda!». Todo acerca de mí me distinguía de las demás, y aunque no todos en la escuela eran malos, no tenía amigos ni defensores y me sentía aislada y preocupada sobre lo que sucedería después.

En uno de mis primeros incidentes de vergüenza corporal, recuerdo haberme deslizado por el resbaladero de metal en el patio de la escuela. Algunos muchachos comenzaron a lanzarme piedras. ¡Cuando las rocas golpearon el resbaladero, hubo un fuerte *ipum! ipum! ipum! ipum!* Como un terremoto. Me encantaba deslizarme por ese tobogán, pero después de esa experiencia, creo que jamás volví a hacerlo. Al igual que los niños excluidos en todas partes, rápidamente desarrollé mi propio sistema para lidiar con el recreo. Simplemente me separaba del grupo e iba a sentarme a un lado o jugar al *tetherball* sola.

Aunque era gorda, en realidad era bastante atlética, y la gente me recuerda como masculina, saliendo con mi hermano y sus amigos, trepando árboles. Cuando éramos niños, tenía una relación clásica de hermano y hermana con Junior. Siempre estábamos juntos, y siempre discutíamos. Inevitablemente quería lo contrario a él, y viceversa. Mi sensible mamá, que tal vez habría preferido una hija más femenina, alentó mi lado creativo. Se las arregló para localizar a una vecina que era profesor de Arte retirado, y aceptó darme lecciones. Después de la escuela, tres días a la semana, iba a su casa, donde aprendí a pintar, dibujar y hacer diversas artes y manualidades. Ahora, cuando diseño una prenda de vestir o joyas, recuerdo esas tardes. Me dieron habilidades y confianza, así como una comprensión temprana sobre cómo abordar proyectos creativos.

Mi vida en la escuela se volvió aún más difícil cuando llegué a esos años preadolescentes donde comienzan a marcarse las diferencias entre muchachos y muchachas. Estaría empezando el séptimo grado cuando algunas de las muchachas más malas decidieron que le escribirían una nota al muchacho más guapo y popular de la clase, diciéndole lo admirado y deseado que era... y la firmarían con mi nombre. Vi lo que estaban haciendo, pero no pude detenerlas. Me es imposible olvidar la expresión de su rostro cuando leyó la nota y vio la firma. Estaba tan molesta que logré convencer a mi mamá de que estaba enferma, y no asistí a la escuela el resto de la semana. Me sentía más que humillada, y de haberme salido con la mía, nunca habría regresado a esa escuela.

Encontrar la satisfacción

Iba en segundo año de preparatoria cuando una de las amigas de mi mamá ganó boletos para un evento en la estación de radio local en español y me llevó con ella. Los presentadores en vivo y en directo comenzaron a hacer preguntas a los miembros de la audiencia, y descubrí que volvían a mí una y otra vez. Cuando hacía preguntas, comentaba o contestaba, y la gente se reía. Me hacían más preguntas. Respondía de nuevo. Y me reía. La gente se reía aún más fuerte. Les agradaba. Uno de los locutores me pidió que volviera. Estaba emocionada, pero como una muchacha que siempre había tratado de desaparecer en público, también me sentía nerviosa. Estaba acostumbrada a que la gente se riera de mí, no conmigo. Esta era una experiencia muy diferente, y me encantaba todo al respecto. En muchos sentidos, mi segunda visita fue una repetición de la primera. Y, una vez más, me pidieron que volviera.

Dado que mi vida era la de una adolescente insegura de quince años, terminar en la radio fue verdaderamente un ejemplo de cómo la vida y el universo me redirigían. En poco tiempo, era una habitual en la estación para el programa mañanero, y era feliz sólo de aparecer y hacer lo que me pidieran. Era la adolescente divertida y risueña que se sentía aceptada, y rápidamente entendía lo que debía hacer. La ética de trabajo que mis papás me inculcaron desde pequeña me ayudó con ello. Me encantaba lo que hacía y quería hacer un buen trabajo. Antes de cumplir los dieciséis años y obtener mi licencia de conducir, mi mamá me llevaba a la estación por la mañana; además, le repartía a todos café mexicano hecho en casa, algo que inmediatamente mejoró mi popularidad. Comencé como voluntaria y pasante no remunerada, pero en pocos meses recibía ya un cheque de pago real. Sí: era por el salario mínimo, pero me parecía una pequeña fortuna.

La personalidad principal en directo era Chava Gómez, uno de los favoritos de la radio en español en la región. Era un mentor increíble, amable y alentador que me enseñó mucho, particularmente a pensar rápido. Aprendí la regla de oro de la radio: pase lo que pase, nunca debe haber silencio en directo más de un instante, cuando nadie está hablando. Chava y el otro gran coanfitrión, Ángel Maciel, que ahora está en Colorado, no sólo me enseñaron a usar mi voz y variar mi tono: también me ayudaron a perfeccionar mi español porque era tan al aventón que el locutor principal recibió llamadas telefónicas quejándose de que yo no hablaba bien en español. Fue francamente vergonzoso; sabía que tenía que mejorarlo y pasé largas horas trabajando mi acento.

Cuando Ángel me daba instrucciones sobre mi dicción, me sentía un poco como Eliza Doolittle siendo educada por el profesor Higgins. Siempre recordaré algunas de sus primeras lecciones sobre estar en vivo. «Quédate quieta», me dijo, «y deja que fluyan tus pensamientos. No tengas miedo de hablar alto y claro. Cuando algo te salga mal, improvisa. ¡Y sé apasionada!». De trabajar en la radio aprendí a aceptar los pensamientos que me cruzaban por la mente y luego soltarlos rápidamente de mi boca sin ponerme nerviosa ni censurarme.

Encontrar mi voz

No comencé esperando tener presencia en los medios. Pero, por alguna razón, me sentía cómoda en vivo y en directo. A veces pienso en mi estado de ánimo en ese momento. ¿Por qué yo, la muchacha exageradamente ansiosa ante la idea de ir a la escuela todos los días, podía hablar libremente ante una gran audiencia de radio? El hecho de que el público no pudiera verme hacía una gran diferencia. Sabía que no iba a ser juzgada por mi peso, lo que me parecía liberador. En la escuela, todavía era la gorda que intentaba no llamar la atención; me ponía tan nerviosa llamar la atención que ni siquiera quería ir a la cafetería de la escuela, y pasaba horas escondida en el baño de mujeres. Sin embargo, en la estación de radio, donde me animaban a hablar y hablar, no tenía miedo de que me escucharan. Comencé a encontrar mi voz y, al menos en vivo, me convertí en la verdadera «yo». Tener un trabajo y trabajar me salvó. Me mostró que valía la pena correr riesgos.

En la estación, desarrollé un conjunto muy claro de tareas. Inicialmente estaba allí como acompañante y para sostener una plática entretenida con los anfitriones en los espacios entre la música del *Billboard* Latino Hot 100, por la que la estación era famosa. Pero en poco tiempo me gradué para hablar del clima y el tráfico. Las personas que trabajan allí me hacían sentir que era valiosa y que tenía talento. Siempre se refirieron a mí como «la muchacha de cara bonita». ¡Era mucho mejor que ser conocida como la muchacha del trasero enorme! ¿A qué joven con problemas de imagen no le encantaría ser presentada de esa manera? Me sentía un poco más feliz cada vez que lo oía.

PRESENTADOR: ¿Qué pasa hoy con las carreteras? Aquí está la muchacha de cara bonita para informarnos.

YO: En este momento tenemos un clima de suéter ligero, con una temperatura de quince grados en el hermoso valle de Las Vegas, pero esperamos que aumente hasta unos veintitrés para el mediodía. Y si están conduciendo en este momento, hay un pequeño accidente en Las Vegas Boulevard y Tropicana, así que posiblemente quieran evitar el Boulevard. Vayan mejor por la I-15.

Todas las mañanas, cuando entraba a ese estudio gris con las ventanas insonorizadas y el letrero parpadeante, me emocionaba un poco. En directo, tienes que aprender a pensar rápido y responder. A medida que aprendía a tomar llamadas, también aprendía a sentirme cómoda en mi propia piel. Pasábamos una buena cantidad de tiempo todas las mañanas respondiendo llamadas y enviando saludos. De verdad me encantaba ver el tablero llenarse de luces porque la gente llamaba, prueba de que alguien estaba escuchando y prestaba atención a lo que decíamos. Fue entonces cuando realmente descubrí que *mi voz importaba*.

RICARDO, UN RADIOOYENTE DE GREEN VALLEY: ¿De verdad estoy en la radio? Quiero desearle a mi esposa, Ana, un feliz cumpleaños. Hoy cumple cuarenta y dos años. ¿Puedo decirle a mi esposa «te amo»?

YO: ¡Claro que sí! ¡Y feliz cumpleaños, Ana! Ricardo, ¿le diste a tu esposa un regalo especial por su cumpleaños? Quédate en línea y obtén un par de entradas gratis para el concierto de esta semana. ¡A Ana le va a encantar!

Y aquí va un saludo especial para toda la gente que trabaja en los casinos, y todos esos grandes hombres y mujeres dedicados a la construcción. ¿Qué estación de radio lo hace mejor? ¡Sube el volumen y prepárate para la fiesta!

Uno de mis segmentos favoritos era nuestra broma matutina diaria. Los oyentes llamaban y nos pedían hacerle una broma a alguien. Nunca olvidaré a una que nos pidió llamar a su novio, José, para decirle que

María estaba embarazada, aunque no era cierto. Yo interpreté el papel de la enfermera del consultorio médico.

YO: ¿Es usted José?

JOSÉ: Sí.

YO: Buenos días, José, ¡lo llamo de la Clínica Médica de Las Vegas con una gran noticia! Su esposa, María, estuvo aquí ayer, y queríamos notificarle que la prueba salió positiva.

JOSÉ: María no es mi esposa. No estamos casados. ¿Qué prueba?

YO: La prueba de embarazo.

JOSÉ: ¿Qué prueba de embarazo? ¿Qué quiere decir con «positiva»? Debe haber algún error. No estamos casados. Siempre usamos protección. ¡Esto es un error!

Hasta el día de hoy, me pregunto si la relación entre María y José sobrevivió a esa broma.

En menos de un año, mi papel en la estación se amplió y comencé a dar noticias de entretenimiento y farándula. Pasaba mucho más tiempo investigando noticias para mi segmento que para cualquier informe escolar o la tarea de Matemáticas. Cuando estaba cursando el último año, también hacía entrevistas en las alfombras rojas en Las Vegas. Según los artistas que estuvieran en la ciudad, me iba tarde los viernes o sábados por la noche, seguida por mi equipo de técnicos, para platicar con celebridades latinas en diferentes eventos, principalmente en los hoteles después de los espectáculos. Como era radio, no tenía que pensar dos veces en que se me vieran las caderas. Incluso pude entrevistar a mi mayor amor platónico e ídolo adolescente, Alejandro Fernández. Todavía recuerdo cómo me preparaba para la entrevista, escribía y memorizaba un montón de preguntas sobre su último sencillo y si le gustaba visitar Las Vegas. Hacía mis pininos y aprendí todo sobre el negocio del entretenimiento.

Mirando hacia atrás, mi vida definitivamente estaba partida en dos. En un momento dado trabajaba el sábado por la noche, como una adulta, con un equipo y entrevistando a celebridades, pero cuando llegaba a casa, me metía obedientemente en mi papel de hija adolescente cuidadosamente vigilada, sin permiso para hacer o recibir llamadas telefónicas después de las ocho de la noche. Dicho esto, desde el primer día, mis papás apoyaron por completo mi sueño en desarrollo. Mi sueño era diferente al suyo; tal vez no entendían lo que hacía, pero me apoyaban al cien por ciento y estaban orgullosos de mí. Me parecía lo máximo cuando les decían a sus empleados que nos sintonizaran y me escucharan.

Mi horario de lunes a viernes no era usual para una adolescente. Ya estaba dormida todas las noches a las nueve; luego me levantaba a las dos de la mañana para prepararme y conducir hasta la estación, donde salía en directo a las tres y me quedaba trabajando hasta las siete. Mis mañanas eran más que apresuradas. La escuela comenzaba a las siete y media de la mañana, pero para cuando llegaba a clases, por lo general eran más cerca de las ocho, o incluso más tarde. En general, mis maestros eran muy indulgentes y me hacían concesiones. Algunos incluso me elogiaban por mi ética de trabajo. Pero, a decir verdad, muchas mañanas me quedaba dormida durante esas primeras clases y luego pasaba sonámbula el resto del día, sin estar siempre consciente de lo que pasaba. Me encantaban algunas clases, como la de Ciencia. En otras, me enfocaba principalmente en tratar de mantenerme despierta.

Mi mayor pesadilla tenía lugar durante mi clase de Gimnasia a la una y cuarto de la tarde. Los vestidores no tenían puertas, por lo que no había absolutamente ninguna privacidad al vestirse. Tenía cierta manera de deslizarme dentro y fuera de mi ropa, asegurándome de estar siempre cubierta. Era horriblemente incómodo; llevaba mis *shorts* de Educación Física debajo de la falda. Miraba a las otras muchachas caminando con su ropa interior y envidiaba sus cuerpos. Incluso a mi edad, tenía celulitis. La revista *Seventeen*, que leía religiosamente todos los meses, nunca mencionaba nada sobre la celulitis.

Y luego, por supuesto, el acoso continuaba. A mi sensación de llevar una doble vida se sumó el hecho de que pocos de mis compañeros de escuela tenían idea de que me había convertido en una celebridad menor de la radio. Estaba trabajando en una estación de radio en español, y casi ninguno de mis compañeros lo hablaba. No era una estación que sintonizaran. Un día, al terminar las clases, recuerdo comenzar a caminar tranquilamente hacia mi automóvil para poder irme a casa. Estaba de un humor relativamente alegre, pero de la nada, tres deportistas comenzaron a señalarme y hacer comentarios sobre mis caderas. La confrontación fue tan repentina que se sintieron como bofetadas. La humillación me acaparó y fue seguida casi de inmediato por una cascada de lágrimas. Empecé a correr. Mientras lo hacía, el guardia de seguridad de la escuela, que patrullaba los terrenos en su bicicleta, se acercó y me detuvo. Él escuchaba la estación de radio. Me dijo: «Deja de correr. ¡No dejes que esos p*ndejos te hagan huir! Nunca quiero verte escapar así. Recuerda: trabajas en la radio. Estás haciendo mucho más que sólo ir a la preparatoria.

¡Ellos no están haciendo una mierd*!» Desde ese día, cada vez que me veía, me acompañaba a mi automóvil. Nunca olvidaré a ese hombre, que se convirtió en uno de mis héroes de preparatoria.

Durante esos años, comencé a darme cuenta de que no era la única adolescente con baja autoestima. Un recuerdo particularmente confuso de la escuela involucró una conversación que escuché. Estaba en un cubículo en el baño de mujeres, escondiéndome, haciendo mi mejor esfuerzo para no servirles de burla a las muchachas malas. Varias de ellas entraron al lugar, sin darse cuenta de que estaba allí y podía escucharlas. ¡Una de las muchachas más delgadas del grupo les dijo a las demás que estaba acostumbrada a que su mamá encontrara defectos en su cuerpo y la llamara «muslos de gelatina»! Dijo que resolvía sus problemas con el peso metiéndose el dedo en la garganta y vomitando cada vez que comía algo que «engordaba». Al escucharla contarles a sus amigas sobre las veces que su mamá le pellizcaba la grasa, recuerdo haber pensado: «¡No tiene grasa para pellizcarle!». Quedé conmocionada. Yo simplemente pensaba que era la muchacha más hermosa del mundo. Era bella, y estaba en excelente forma física. Recién comenzaba a ser consciente de los problemas de imagen que tantas mujeres comparten sin importar su talla u origen étnico. Hace poco vi una cita que decía: «Los hombres piensan que el sueño de todas las mujeres es encontrar al hombre perfecto. ¡No es verdad! Lo que realmente sueñan es poder hacer lo que quieran sin ser juzgadas, y comer lo que quieran sin engordar un kilo». No pude evitar reírme. Se pone tanto énfasis en el tamaño y el tipo de cuerpo que tenemos que hay muy pocas mujeres a las que no se les haya hecho sentir inseguras sobre su aspecto.

Cuando era adolescente, en realidad era como dos muchachas extremadamente diferentes. En mi vida personal, con los demás en la escuela, era callada e insegura y me sentía aislada debido a mi peso y al rechazo continuo que recibía de mis compañeros. Yo era sólo una de las dos muchachas en la escuela que eran realmente de talla grande. Todas las demás eran talla 2 o 4, o eso me parecía. No tenía a nadie a quien mirar como una especie de modelo a seguir. Cuando mis compañeros me insultaban, tenía miedo de expresarme, y ni hablar de defenderme. Yo era la muchacha que caminaba junto a la pared, abrazando mis libros y mirando al suelo.

Pero en mi vida laboral, ya fuera maquillando o trabajando en la radio, era inusualmente valiente y audaz. Estaba orgullosa de mi capacidad de serlo. Cuando estaba en la radio, me resultaba increíblemente natural responder, hablar y decir lo que se me ocurriera.

El autodescubrimiento es importante sin importar la edad que tengas, pero aprender más sobre quién eres y lo que quieres de la vida tiene mayor relevancia durante la adolescencia. En cada uno de nosotros hay un estado psicológico adolescente inmaduro, con sueños tanto de pertenencia como de destacar de alguna manera nuestros talentos y aficiones. Siempre necesitamos proteger y alentar esa parte de nosotros mismos; ésa es la parte que tiene algo importante que decirnos.

Tu voz importa

¡Di lo que piensas! Deja que los demás conozcan tus pensamientos. Comparte tus ideas, e intenta hacer del mundo un lugar mejor. Todos tenemos una misión, y nuestras voces cuentan la historia.

Cuando estaba en la radio, a veces me sentía ansiosa y no todo salía a la perfección. Pero no podía preocuparme por lo que los demás pensaran. Nunca dejes que las opiniones de los demás te paralicen. Su opinión no tiene poder al menos que tú se lo des. Recuerda: tu voz es poderosa.

Cuando sientas ansiedad, repite: *Mi voz importa*. Inhala profundamente y reafírmate. Dilo de nuevo: *Mi voz importa*. Éste es un hábito poderoso para crear tu vida. Habla despacio y con firmeza. Y no te disculpes por ello.

Como los ojos, tu voz es una ventana a tu alma. Crea el hábito de hablar en voz alta. No tengas miedo de pedir lo que quieres. No tengas miedo de decir «sí», y no tengas miedo de decir «no». No tengas miedo de dar la cara por ti misma.

Dilo una vez más mientras respiras: mis sentimientos son válidos y mi voz es poderosa. Mi voz importa.

CAPÍTULO 4

¡A  !

LAS QUINCEAÑERAS GENERALMENTE INCLUYEN UNA
ceremonia religiosa, así como una recepción o fiesta para familiares y
amigos. Es un momento muy emocionante. Fieles a la tradición, mis
papás decidieron que celebrarían con una gran fiesta después de la ce-
remonia religiosa en la iglesia. ¡Echaron la casa por la ventana! Estoy
hablando de invitar a varios cientos de personas. Sería un gran evento
que reuniría a tantos familiares y amigos. Me pondría un hermoso
vestido blanco junto con una corona de flores naturales. Y, por primera
vez, usaría tacones.

Dos cosas importantes sucedieron mientras me preparaba para mi
quinceañera. La primera fue que me hice una amiga en la escuela, la
otra muchacha de talla grande. Génesis tenía el pelo largo, rizado y on-
dulante, ojos hermosos, una sonrisa maravillosa y un gran sentido del
humor. Yo estaba muy feliz de tener a alguien con quien hablar. Géne-
sis no sólo me hacía reír, sino que me hacía sentir como si tuviera una

verdadera amiga que me entendiese. Nunca me juzgaba, y podía ser yo misma a su lado. Génesis era mexicoamericana como yo, pero sus papás eran significativamente menos estrictos que los míos, y le daban más libertad. Recuerdo envidiarla porque le permitían ir a fiestas y, sobre todo porque, también la invitaban. Primero nos vinculamos por nuestros problemas corporales compartidos, y de forma lenta pero segura desarrollamos una fuerte amistad. Estaba muy feliz de que formara parte de mi vida. Tenía una amiga con quien hablar y reírme, y eso era algo grande y especial para mí.

La otra adición importante a mi vida fue el hombre cuyo apoyo y gentileza alteraron toda mi visión del mundo. Mi mamá es el tipo de supermamá que se da cuenta de todo. Ve todo, hasta la más mínima suciedad o la migaja más pequeña sobre una mesa, pero también siempre se da cuenta de cómo se sienten sus hijos. Aunque no hablaba de eso, era hipersensible a mi infelicidad y buscaba formas de mejorar mi vida de manera diligente. Casi podías oír su cerebro girar mientras trataba de encontrar maneras de subirme la autoestima. Así es como Carlos entró en mi mundo. Mi mamá se había enterado de que había un estilista y experto en maquillaje de habla hispana en la ciudad; había hecho cambios de imagen en montones de modelos, así como concursantes de Miss Universo. ¡Buenas noticias! Con suerte, él podría ayudar a preparar a su hija insegura para su quinceañera.

Carlos había nacido en Veracruz, y antes de conocerlo, escuché un poco sobre su exótico pasado. Antes de convertirse en estilista, maquillista y experto en belleza radicado en Las Vegas, había sido un bailarín que viajaba por el mundo. Cuando nos conocimos, Carlos, un hombre alto y elegante con increíbles ojos verdes, tenía sesenta años y lo consideré el hombre mayor más guapo que había visto en mi vida. Él, por su parte, me echó un vistazo y de inmediato se dio cuenta de que yo necesitaba muchísima ayuda y que tenía que trabajar en mi autoestima. En algún momento se había casado con una bailarina con la que tuvo una hija que él había criado. Siempre sentí que tenía un fuerte interés paterno en mí porque extrañaba a su hija, que ahora, siendo ya mujer, había formado su propia familia.

En un nivel filosófico de mayor escala, Carlos me enseñó la importancia de aprender a moverme con la vida. «¡Baila y ya!», decía. Yo entendía que me aconsejaba acerca de cómo vivir una vida más feliz. Pero en un nivel mucho más práctico, también se esperaba que me enseñara a bailar con tacones, algo que sería parte de mi celebración de quinceañera. Permítanme comenzar diciendo que yo era una muchacha de tenis. Tengo los pies grandes; bueno, enormes. Soy talla 11, y 8 en México. Casi tan pronto como llegué a casa de Carlos para mi primera clase de baile, sacó unos hermosos tacones de diseñador. Me los puse para probármelos, y lo primero que hice fue caerme. Lo segundo fue caerme de nuevo. Por fin pude pararme con ellos, pero me inclinaba hacia un lado y estaba a punto de caer de nuevo cuando me detuvo. «Fíjate», dijo. «Deja que te enseñe. Si yo puedo hacerlo, tú también puedes».

Se puso los tacones y comenzó a caminar con gracia por todo el lugar. Jamás había visto a un hombre con tacones. Se veía hermoso, pero aun así me hizo reír. Me sentía muy a gusto con él. Estaba bien cometer errores, y estaba bien reírme de ellos. Un par de caídas más y muchas risas después pensé que ya tenía alguna idea de cómo hacerlo. En la segunda lección, Carlos me estaba enseñando a bailar. Comenzamos con el vals, pero a la larga pasamos al flamenco. No te puedes llegar a imaginar lo mucho que me encantó. «Emociónate y comienza a bailar. Bailar sana hasta la angustia», me dijo mientras girábamos alegremente por la habitación.

Carlos cambió mi visión del mundo. Hablaba español, inglés y francés con fluidez, y también algo de italiano. Escuchar sus historias de viaje por Europa, y de su vida en París y Milán, me abrió los ojos a las posibilidades que existían más allá de Las Vegas, Nevada, y cambió mis aspiraciones. Algunas de sus lecciones eran sencillas, pero valiosas. Me enseñó a dejar de desplomarme sobre las sillas y a sentarme erguida con las piernas cruzadas a la altura del tobillo. También me llevó a restaurantes finos, enseñándome cómo ordenar y qué tenedor usar para cada alimento. Siempre comenzaba nuestras conversaciones con consejos sobre la vida, los modales y el protocolo. «Una verdadera dama no se decepciona a sí misma ni a ninguna otra persona», me dijo. También debo mencionar que lo que Carlos conocía mejor que nadie era el maquillaje. No me di cuenta en ese momento, pero sus lecciones me proporcionaron las bases para la carrera que nos sostendría a mí y a mis hijos durante muchos años.

Antes de conocerlo, nunca se me había ocurrido que alguien me considerara lo suficientemente bonita como para tomarme una fotografía. No sabía nada sobre la magia que los productos para el cabello y el maquillaje podían crear. Sabía cómo cepillarme el pelo, pero en lo que se refería a tratar de verme más atractiva y presentable, mis conocimientos se limitaban a deshacerme los nudos. Siempre recordaré la primera vez que Carlos me cortó el pelo y me hizo mi primer cambio de imagen.

Estaba yo sentada en agonía en su silla del salón, tratando de no quejarme, llorar, o incluso decir «¡Ay!». Carlos, con unas pinzas en la mano, intentaba arrancar lenta y cuidadosamente los vellos que crecían por encima de mi nariz. Me estaba sin duda creciendo una uniceja muy poco atractiva. Por la expresión decidida en su rostro, pude ver la cantidad de energía que estaba dispuesto a emplear en hacer desaparecer ese vello facial.

«Arráncalos siempre», me dijo. «¡Y nunca, nunca uses cera!».

Ése fue, probablemente, el primer consejo que Carlos me dio, y nunca lo olvidaré, porque me explicó escrupulosamente que necesitaba cuidar mi apariencia como si yo realmente y en verdad importara. «Trátate con el esmero que mereces. No te apresures. Depilarse requiere tiempo y atención. Cuidarse es una forma de respetarse a uno mismo».

Carlos me compartía un consejo de belleza a cada minuto, y hablaba con tanta autoridad que dejó una huella indeleble en mi cerebro. «Arráncalos siempre. ¡Y nunca, nunca uses cera!», recuerdo haberme repetido. En ese momento de mi vida, no podía imaginar que alguna vez me estaría depilando o utilizando cera; no obstante, sonaba tan convincente que yo prestaba mucha atención a sus palabras.

Cuando por fin estuvo satisfecho con mis cejas, sacó una pequeña cuchara de plata limpia y la usó para rizar mis pestañas muy delicadamente. ¡Una cuchara de plata! ¿Dónde aprendió a hacer eso? Me preguntaba si alguna vez podría hacerlo yo sola.

Carlos ya había cortado y estilizado mi cabello, dejándolo largo, pero agregando capas que le daban cuerpo y forma. Cuando terminó su trabajo, hizo girar mi silla con un gesto dramático, y tuve mi primer encuentro real conmigo misma. Estaba impresionada. Parecía una persona diferente. ¿Cómo era posible? ¿Acaso esa muchacha con las cejas bellamente dibujadas y el cabello brillante podía ser realmente yo?

«Te ves hermosa», me dijo, y al menos por unos minutos le creí. Otras personas me habían dicho que tenía una cara bonita, pero realmente no les creía. Pensaba que eran amables conmigo porque era muy gorda. Mi mamá me decía cosas lindas. Pero ciertamente no le creía porque era mi mamá, y me amaba. Con Carlos, sentí un comienzo pequeñísimo de confianza en mí misma. Este fue un momento que me impactó. De hecho, empecé a creer lo que Carlos me había dicho y lo hice mi verdad: Yo soy hermosa.

Una manera diferente de verme a mí misma

Antes de Carlos, me consideraba masculina. No me interesaban el maquillaje o los consejos de belleza. No pensaba que podría lucir bonita, así que: ¿para qué intentarlo? El modelaje no era ni remotamente una de las metas de mi niñez. No tenía idea de lo que era ser modelo ni lo que hacían.

Carlos cambió todo eso. Me introdujo a un mundo que incluía no sólo revistas de belleza y maquillaje, sino también de moda. Bajo su guía, me interesé en cosas que me ayudaron a crear y dar forma a una carrera.

Jamás olvidaré la primera vez que me llevó de compras. Me dijo que quería comprarme mi propio kit de maquillaje, y nos dirigimos a una tienda con un gran departamento dedicado a ello.

—Recuerda —me aconsejó—: estás protegiendo tu piel para toda la vida, así que compra siempre la mejor calidad que puedas costearte.

Cuando se trataba de marcas de maquillaje, definitivamente tenía sus favoritas. Lo vi probar toda una variedad de bases en diferentes tonos antes de decidirse por una de precio verdaderamente impresionante.

—Ésta es buena —dijo haciéndole un gesto a la vendedora, quien asintió con la cabeza.

Después de salir de la tienda, nos fuimos a tomar un café. Mientras yo observaba y escuchaba, Carlos extendió nuestras compras sobre la mesa, explicando por qué había elegido cada una de ellas. Era increíble. Ahora era la orgullosa propietaria de una impresionante colección de bases, sombras, iluminadores y labiales. Me dijo qué sombras serían apropiadas para la noche, para cuando quisiera llevar el *look* que él llamó «ojos ahumados», y cuáles usar de día. Mientras empacábamos todo de nuevo, tenía muchas ganas de volver a casa, donde podría sentarme frente a un espejo y practicar.

La razón por la que las personas llegan a nuestra vida

Ésta es la conclusión más importante de haber conocido a Carlos: aprendí que Dios envía personas a nuestras vidas por una razón. Siempre hay una lección en todo lo que nos pasa, y siempre hay una bendición. Lo que hay que recordar es que no importa cuán oscura parezca una temporada, siempre hay algo de luz que se filtra. Si prestamos atención a lo que sucede a nuestro alrededor, aprendemos a darnos cuenta y a notar por qué las personas llegan a nuestras vidas con sus virtudes. No siempre entendía todo lo que Carlos intentaba enseñarme, pero siempre supe que era importante.

Sus primeras lecciones me ayudaron a aprender algo extremadamente importante: **Ser diferente nunca es malo**. Esto es algo que todos debemos apreciar. ¡Reconoce que tus diferencias representan lo que es auténticamente «tú»! La vida me ha enseñado que hay belleza en cada etapa y en todos los altibajos de tu vida. Busca lo positivo en cada situación. Incluso cuando crees que te escondes del mundo, el universo te envía personas y experiencias que pueden ayudarte a descubrir la belleza en tu propia vida. Cuando menos lo esperas, se te muestran las cosas buenas que quizá ni siquiera sabías que existían.

Carlos fue una fuerza muy positiva para mí. Siempre que podía, me escapaba para pasar tiempo en su salón de belleza. Aun cuando tenía clientes, siempre me daba la bienvenida y sonreía cuando me veía. Me gustaba sentarme y leer revistas de moda. A veces, si no estaba ocupado, se sentaba y platicaba conmigo sobre los artículos y consejos de belleza. Nuestra escuela tenía una costumbre: El Día de irse de pinta. Todos los estudiantes se saltaban las clases con sus amigos y hacían lo que quisieran. Recuerdo un Día de irse de pinta en que estaba particularmente molesta porque varios muchachos habían abierto mi casillero, tomado mis libros y dicho cosas desagradables. Me hizo feliz ir con Carlos, donde me sentía segura y protegida. Después de que terminó con su cliente, me lavó el pelo y me lo secó.

—Te ves hermosa —dijo— pero lo que realmente importa es la belleza interior. Nadie puede quitarte eso. Si alguien te dice cosas negativas, no las creas. Esa no es tu verdad.

Carlos fue más que un gran maestro. Fue una figura masculina importante en mi vida. Él fue el que confeccionó la corona de flores naturales que usé en mi quinceañera. Lo extraño. Extraño su energía y su risa contagiosa. Cada vez que se reía, no podía evitar reírme con él.

Mis inicios como maquillista

En mi adolescencia, mi trabajo en la radio no fue mi única fuente de ingresos. Cuando corría a visitar a Carlos, recibía mucho consuelo y apoyo, pero también estaba aprendiendo a crear magia con los cosméticos. Reforcé eso haciendo mucha investigación, leyendo libros y revistas con la información más actualizada sobre la aplicación y técnicas de maquillaje. Supongo que, al menos en parte, intentaba reforzar mi propia imagen enfocándome en mi cara y no en mi cuerpo.

A veces llevaba mi kit de maquillaje a la escuela, y durante la hora del almuerzo me sentaba con mi amiga Génesis en una mesa en el patio y la maquillaba. Comenzaba por los ojos, usando todos los trucos de oficio que había aprendido de Carlos. Génesis y yo siempre teníamos nuestras revistas favoritas a mano para probar las nuevas ideas de maquillaje. A Génesis, que era muy original, le encantaba dejarse llevar por las últimas tendencias. Si una revista presentaba a una modelo con azul neón en los párpados, ¡ella estaba absolutamente dispuesta a probarlo! Otras muchachas a veces se paseaban por allí y se detenían a ver lo que yo hacía. Todavía recuerdo a una muchacha que nos miró y me hizo la pregunta mágica:

—¿Cuánto cobrarías por maquillarme?

Dudé un nanosegundo antes de responder:

—Veinticinco dólares. —Quería sonar segura y confiada, así que decidí no levantar la vista de lo que estaba haciendo.

—Dios mío —dijo Génesis tan pronto como las otras muchachas se alejaron—: ¡vas a ganar muchísimo dinero!

Esperaba que tuviera razón.

En poco tiempo, era la persona a quien todas acudían en cuestiones de maquillaje en la escuela. Si había algún baile de graduación o fiesta, las muchachas se apuntaban para asegurarse de que estuviera disponible. Incluso empecé a recibir llamadas para otros eventos, como bodas. No me lo cuestioné en ese momento, pero en retrospectiva me doy cuenta de lo increíble que era que me diera a conocer más y más; mi bíper no dejaba de sonar, y muchos de mis fines de semana estaban llenos de reservaciones.

Al final, desarrollé un sistema para los principales eventos escolares: las muchachas llegaban a mi casa llevando sus vestidos, con la piel limpia, humectada y preparada según mis instrucciones. Extendían sus vestidos en la cama, se desvestían y yo ponía manos a la obra. Incluso tenía una pequeña asistente —mi hermana menor Lily, que ahora es una maquillista increíble— que miraba lo que yo hacía. En ese momento, ni siquiera se me ocurrió que ella estaba aprendiendo cosas que luego usaría para su propia carrera. Seguía las rutinas que aprendí de Carlos. Utilizaba pinceles auténticos y esponjas de arte que compraba en una tienda de materiales para artistas, y los limpiaba y desinfectaba con cada uso. Por mucho que intenté imitar a Carlos, nunca pude aprender su técnica para rizar las pestañas con una cuchara de plata. Lo intenté y lo intenté, pero nunca lo conseguí.

Sin importar lo que sucediera en mi vida, me mantenía cerca de Carlos, quien estaba muy orgulloso de haber contribuido a mi capacidad de ganarme la vida. A mediados de mi último año en la preparatoria, fui con mi familia a México para las vacaciones de Navidad y, como siempre, lo llamé para desearle una feliz Navidad y Año Nuevo. Pero, no respondió; tampoco al día siguiente, ni al siguiente. Al final, después de unos cuatro días de llamadas, alguien contestó su teléfono. Era su hija. Ella me dio la triste noticia. Carlos, que había padecido diabetes durante años, tuvo una grave crisis de salud y murió. Esa fue una gran pérdida que aún me sigue llenando de mucha tristeza. Sin embargo, a menudo siento que me envía mensajes en espíritu. No pasa un día sin que piense en él y recuerde su manera de terminar nuestras conversaciones, diciendo: «*Bisous*». Besos.

Haciendo mías las técnicas de Carlos

Cada vez que maquillaba a alguien, comenzaba con un espray hidratante, que dejaba secar antes de aplicar una crema y una base en el tono adecuado para la piel de la muchacha y la hora del día. Usaba corrector para ocultar imperfecciones y ojeras. Luego contorneaba el rostro, usando una variedad de iluminadores, polvos y otros productos. Es sorprendente el efecto que puede tener el contorno para cambiar la apariencia de la nariz de alguien. Y, por supuesto, siempre usaba sombras de ojos. En todo momento me daba tiempo para difuminar con cuidado. Carlos siempre decía: «Difumina, difumina, difumina; difuminar nunca está de más». Acentuaba los ojos con delineador antes de pegar las pestañas. Por último, usaba delineador de labios y los rellenaba con diferentes productos, dependiendo de si la muchacha quería un aspecto mate o brillante.

Desarrollé incluso mi propio brillo, que usaba en las piernas, brazos y pechos de las muchachas para darles un resplandor saludable. Aún recuerdo la primera vez que una de ellas me dio una propina. Fueron cinco dólares adicionales, y no entendía por qué me los daba.

—Es una propina —dijo—. ¿Te han maquillado alguna vez?

—Sí, muchas veces —contesté—. Pero sólo una persona, y él no me cobraba.

Si había un evento realmente grande, comenzaba a trabajar con las muchachas el sábado por la mañana. Mi trabajo a menudo tenía que durarles hasta la noche, así que ponía mucho cuidado en su aplicación.

El primer sábado que maquillé para un evento gané doscientos dólares. Para cuando me gradué, había muchos fines de semana que ganaba más de mil, y las muchachas —incluso algunas que se habían burlado de mi peso en la escuela— llegaban por turnos, esperando que hiciera magia con ellas. Me daba gusto ser reconocida en la escuela por algo más que el tamaño de mis caderas.

Financieramente, en mi adolescencia, me iba más que bien. Entre el dinero que ganaba en la estación de radio y mi trabajo como maquillista, me las arreglé para tener unos ahorros. Abrí mi propia cuenta bancaria, y me encantaba ver crecer mi dinero. Mi papá, el emprendedor de emprendedores, estaba muy orgulloso de mí.

¡A bailar!

Carlos me dio el valor para bailar; para moverme, agacharme y entrar y salir de situaciones a menudo complicadas. El baile es más que movimiento: es un mensaje al mundo de que te sientes cómoda siendo exactamente quien eres. «Emociónate y comienza a bailar. Deja que tu espíritu sea libre», siempre me decía. Me di cuenta por primera vez de que no tenía que esconderme; podía pararme en la pista de baile, donde la gente pudiera verme, energizarme y mostrar mi corazón. Ellos me veían, y era una experiencia emocional increíble.

¿Te sientes derrotada? Sigue bailando.

¿Estás teniendo un mal día? Pon música y comienza a mover tu cuerpo.

¿Te sientes estancada? Piensa en formas de moverte con gracia a una situación diferente, paso a paso.

¿Te sientes cohibida? No te sientas así. En lugar de ello, libera tu espíritu.

Puedes cambiar tu estado emocional en un chasquido de dedos, o en un instante. La pregunta es: ¿quieres hacerlo? Es tu elección personal quedarte donde estás o cambiar tu estado emocional. Emociónate, elige ser feliz, elige siempre estar agradecida, sin importar que una experiencia sea buena o mala, y baila sin parar. Tú determinas si una experiencia es positiva o negativa basado en la historia que le des. Lo hecho, hecho está. Es tu elección: ¿quieres quedarte estancada pensando en lo que sucedió y en las emociones asociadas a ello, o quieres dejarlo ir y seguir adelante? ¿Por qué no comenzar a cambiar hoy? Crea una nueva visión mental y una nueva historia con nuevas emociones. Todo lo que tienes es el momento presente. Esta es tu vida. Crea algo nuevo y diferente. Emociónate. Di: «Este es mi momento». ¡Disfrútalo! Sólo te pertenece a ti.

La oportunidad baila con aquellos que ya se encuentran en la pista de baile. Levántate y comienza a crear el impulso que necesitas. Comienza a crear tu oportunidad.

CAPÍTULO 5

Tu primera oportunidad no será la última

PERMÍTEME SINCERARME: SÉ LO QUE ES TENER UNA historia romántica desafortunada. Lo ibas a averiguar de todos modos, así que vamos a sacarlo del medio ahora.

Cuando era adolescente, empecé a hacerme ideas sobre las relaciones que no me servirían para bien. Mis problemas pueden haber comenzado con todos los insultos y el acoso que experimenté cuando era niña. Realmente no creía que alguien me encontraría atractiva o deseable. Al igual que todas las personas con pulso, anhelaba desesperadamente que alguien se enamorara de mí, pero no esperaba que sucediera de la manera en que ocurrió. Me había hecho otra idea. Algo más parecido a la relación de mis papás. Cuando un muchacho me prestaba atención, mi primera reacción era de sorpresa. Luego se me ocurrían pensamientos tontos, como por ejemplo: «Parece que le gusto. Es posible que nunca más le guste a un muchacho, así que será mejor que haga todo lo posible para asegurarme de que se quede conmigo, porque esta puede ser la última y única vez que me quieran».

El pensamiento «Puede que sea la última y única vez que me quieran» es común entre las mujeres con baja autoestima. Una adolescente o una mujer segura y confiada en sí misma, sin importar su edad, mira al hombre que le presta atención y piensa: «Parece ser bueno, pero déjame conocer más sobre él. ¿Tenemos intereses y valores en común? ¿Es confiable y honesto? ¿Tiene buenos valores? ¿Quisiera compartir mi tiempo con él, o incluso toda una vida? Déjame tomarme mi tiempo y averiguar si es adecuado para mí. Si no, soy una mujer deseable y digna, habrá muchos otros hombres que querrán estar conmigo». Si nunca lo has dicho en voz alta, este es el momento para decirlo alto y claro: *Soy una mujer deseable y digna, y hay muchos hombres que querrán conocerme y pasar tiempo conmigo. La persona adecuada se enamorará y seguirá enamorada de mí por las razones correctas.*

Todo esto lo sé ahora, pero de joven, cuando apenas comenzaba a ser consciente de mis posibilidades románticas, no conocía mucho al respecto. Tenía tantas ganas de ser amada. Y como muchas otras jóvenes, no sabía bien cómo manejar mis emociones y tomarlo con calma.

Mi primer enamorado fue un muchacho llamado Gilberto. Yo pensaba: «Es perfecto». Yo tenía dieciséis años; él veinte, y trabajaba para mi papá haciendo limpieza de construcción. Me gustaba sencilla y directamente porque me prestaba atención, era dulce, risueño y, como una joven de 1,75 metros, me encantaba que él también fuera alto: 1,90.

Empezó a visitarme por las noches de verano antes de mi segundo año de preparatoria. Esto iba en serio. Gilberto, quien entendía y respetaba los valores tradicionales de mis papás, le pidió permiso a mi papá para cortejarme. Mi papá no me dejaba salir a citas, mucho menos citas románticas, pero me dejó sentarme en el porche, bajo la luz excepcionalmente brillante que había instalado —casi un reflector— durante una hora tres noches por semana, pero sólo con quienes aprobara. Gilberto fue el primer muchacho que pasó tiempo conmigo en el porche. Mis papás habían dejado muy claro que no habría apretones de manos ni besos. Al principio nos besamos y mi mamá nos sorprendió, así que después sólo nos dábamos pequeños besos. Cuando estaba seguro de que no nos miraban, Gilberto me agarraba la mano y la acariciaba y me daba besitos en la frente. Esto continuó durante nueve meses.

Por fin, una tarde, mientras estábamos sentados juntos en el porche, me dijo que tenía que ir a California unas semanas para ayudar a su mamá. Antes de irse esa noche, compartimos nuestro primer beso realmente apasionado. Sentí mariposas. Este beso fue algo grande en mi vida y representó un antes y un después. Tenía un novio que me quería; su fotografía estaba en mi mesita de noche. Me emocionaba despertarme pensando en él; era feliz.

Entonces Gilberto se fue mucho más tiempo de lo esperado, y no tenía dinero para visitarme. Al principio hablamos por teléfono con cierta regularidad, pero después de un rato no tuve noticias de él. Había prometido llamar cuando regresara, pero no lo hizo. Estaba realmente confundida, por no decir herida, por lo que había pasado con él, así que llamé a una de sus tías mayores. Me dijo:

—Gilberto se va a casar, y creo que no tuvo el valor de decírtelo.

Al escuchar esto, me sentí sacudida y devastada. Lloré tanto que creo que ella se sintió apenada por mí. Todavía recuerdo correr hacia mi mamá.

—¡Mamá, Gilberto se va a casar! —sollocé.

El día de la boda, me quedé sentada en mi habitación, sintiéndome totalmente miserable y autocompadeciéndome. Esa primera relación fallida me hizo cuestionar todo lo que tuviera que ver con el amor. ¿Por qué él buscó a otra muchacha? ¿Qué tenía yo de malo? ¿Por qué me fue infiel? ¿Por qué no me dijo la pura verdad en lugar de esfumarse? Iba a doler sin importar cómo lo hiciera, pero si me hubiera dicho la verdad, mis reacción habría sido diferente. Fue mi primer amor, y traté de hacerlo todo bien. Bueno, esa fórmula no funcionó. Pero ¿por qué no regresó como me prometió? ¿Por qué, por qué, por qué? Mi ira, combinada con todas mis preguntas sobre Gilberto, me enloquecieron. Pasarían años antes de que obtuviera una respuesta.

El siguiente muchacho que me prestó atención fue Marcos. Durante el verano, recuerdo regresar a casa de la estación de la radio, conduciendo mi orgullo y alegría: mi propio Pontiac blanco convertible, con el interior también blanco. Marcos, que vivía cerca de mí, conducía una reluciente camioneta grande y negra, y se dirigía en dirección opuesta. De su radio resonaba música estruendosa mexicana. De hecho, en su camioneta siempre sonaba música mexicana a todo volumen. Cuando me vio, fue como una escena de una película romántica: hizo un rápido y memorable giro en U, aceleró para alcanzarme y me hizo un gesto para que me detuviera. Antes de salir de la camioneta para caminar hacia mí, aceleró su motor. *¡Brum! ¡Brum!* A Marcos, que era un auténtico vaquero mexicano, y muy guapo, le encantaba acelerar su motor. Siempre me llamaba la atención, pero mi mamá siempre lo desaprobaba.

Cuando Marcos me pidió mi número, se lo di. Llamó en menos de veinticuatro horas, y luego comenzó a llamar todas las noches a las cinco y media de la tarde. Hablábamos regularmente durante una hora o más. Marcos pensaba que era genial que trabajara en una de sus estaciones de radio favoritas. En poco tiempo, comenzó a llamar para que pudiéramos sentarnos juntos en ese porche bien iluminado. Nuestras pequeñas reuniones duraron muy poco porque luego desapareció. Alguien dijo que pensaban que se había ido a otro estado. Pero ni siquiera se despidió, y mucho menos me dijo adónde iba.

Gilbert y Marcos eran todo lo que sabía sobre el amor. Como estudiante de preparatoria de dieciocho años, creo que probablemente era la muchacha más inocente —y absolutamente despistada— de Las Vegas.

Mi acercamiento al mundo romántico se basaba casi totalmente en lo que aprendí de las telenovelas y las películas románticas. Aunque en algún nivel sabía que no era realista, al menos una parte de mí creía que mi príncipe azul estaba a la vuelta de la esquina. Y cuando nos conociéramos, él reconocería de inmediato que nuestra conexión era cosa del «destino», y el resto de mi vida se desarrollaría perfectamente. Esta visión exageradamente romántica del mundo me llevaría más adelante por caminos desafortunados.

Y entonces conocí a Gianni, y todo se volvió mucho más complicado.

A los dieciocho años, gracias a mis propias inseguridades, combinadas con el reflector de mi papá en el porche delantero, tenía casi cero experiencias en las relaciones románticas adultas. Sin que me lo mencionaran directamente, entendía que hablar de sexo no era algo con lo que mi mamá se sintiera cómoda. Era una mujer muy tradicional, y probablemente mucho más tímida que yo para hablar del sexo. El resultado: no sabía nada sobre él. ¡Nada! Cuando comencé a menstruar, incluso sentí vergüenza de avisarle. Sabía que ella nunca había tenido esas conversaciones con su propia mamá.

Nadie me había advertido sobre la vida o lo que era sentirse arrebatada por la pasión. Nunca nadie se había sentado conmigo para decirme: «Esto es algo que debes saber: ¡OJO! ¡Cuando un hombre te dice que te ama, no necesariamente significa que lo hará para siempre!». Ciertamente nadie me había contado sobre las hormonas o lo que sucede en tu cuerpo y mente. ¡Ni hablar de cuando estás totalmente excitada mientras un hombre atractivo te dice que te ama y te besa el cuello! Necesitaba que me aconsejaran seriamente, y nadie lo estaba haciendo.

Quería encontrar el amor, pero mis expectativas no eran realistas. La versión de las películas de Hollywood sobre el romance me hacía creer que un hombre y una mujer se conocen, se enamoran, compran una casa y tienen hijos y viven felices para siempre. No esperaba las complicaciones, la infelicidad y el caos que se apoderó de mi vida. ¿Qué esperaba Gianni? No tengo idea, y aunque probablemente debí haberle preguntado, nunca lo hice.

Gianni y yo: comencemos con los hechos simples, que ya de por sí no eran tan simples.

Gianni era más de veinte años mayor que yo, casi de la misma edad que mi papá, pero eso no me importaba. En lo que me concernía, él era increíble: inteligente, talentoso y sofisticado. En ese momento pensé: «Soy muy afortunada de que este hombre tan especial me haya elegido». Ahora, por supuesto, miro hacia atrás y me pregunto por qué caraj* se interesó en una inocente adolescente, que, por supuesto, era precisamente lo que mis papás se preguntaban en ese entonces.

La familia de Gianni, al igual que la mía, habían inmigrado de México. Nuestra cultura compartida debía habernos dado algo en común, pero no era así, porque, aunque Gianni era mexicano, tenía una actitud negativa hacia toda la cultura latina. Por ejemplo: su verdadero nombre era Miguel, pero se lo cambió legalmente a «Gianni» y prefería que la gente creyera que era italiano. Me parecía un poco extraño, pero en ese momento no le di tanta importancia; tenía dieciocho años, ¿qué sabía yo sobre la vida y las decisiones de los demás? En ese momento estaba segura de que tenía sus razones aun si yo no las entendía. Más tarde me pregunté por qué alguien que no quería ser identificado como latino se relacionaría deliberadamente con una joven mexicana tan tradicional. Pero en ese momento me sentía tan feliz de que un hombre atractivo me prestara atención, y mi falta de madurez me llevó a preguntarme muy poco sobre sus verdaderas intenciones. Gianni era un muy buen cantante y un excelente músico que tocaba con extraordinario dominio el bajo, la batería, el piano y el saxofón. También escribía *jingles* publicitarios. De hecho, lo conocí en la oficina de mi papá cuando llegó a ofrecer la posibilidad de escribir un *jingle* para la compañía. Al principio no le presté mucha atención; era mayor, y ni siquiera se me ocurrió que estuviera interesado en mí.

Pero luego comencé a verlo por la estación de radio, y comencé a notar que siempre me sonreía y se detenía para decirme algunas palabras. Me preguntaba: «¿Quién es este hombre?». Pero no pensaba mucho en eso. Luego me dijo que estaba haciendo comerciales para algunas empresas locales, y me dijo: «¡Me encanta tu voz! ¿Podrías trabajar conmigo esta noche grabando en el estudio?».

Por supuesto que dije que sí.

Esa noche, estábamos en un estudio de grabación y, mientras trabajábamos, fue muy atento. Era la primera vez que un hombre adulto coqueteaba conmigo. No tenía ni idea de cómo se comportan los hombres, así que no estaba realmente segura de que estuviera coqueteando. ¿Me estaba mostrando atención especial, o me lo estaba imaginando? Recuerdo que intentó tomarme la mano, y no supe cómo reaccionar o qué hacer. Se me revolvió el estómago. Dios, estaba tan emocionada que no quería que esa tarde terminara.

Antes de que finalmente me fuera a mi casa, me hizo una pregunta, y todavía puedo escuchar su tono de voz:

—¿Saldrías a cenar conmigo?

Respondí con otra pregunta:

—¿Me estás pidiendo una cita?

—Sí —respondió.

Me puse tan nerviosa que empecé a tartamudear. Entonces me paralicé. Jamás me habían pedido una cita, y no sabía qué decir.

—¿Te divertiste conmigo? —me sonrió.

—Sí —le respondí.

—¿Te gustaría salir a cenar? —me preguntó de nuevo.

—Sí.

Le mentí a mis papás. Les dije que estaba trabajando y que me había encontrado con Gianni en el estudio. Tenía un automóvil deportivo rojo brillante, y cuando me abrió la puerta, recuerdo haber pensado: «¡Qué padre!». Fuimos a un restaurante italiano. Me moría de hambre, pero tenía tanto miedo de comer delante de él que picoteé del plato y casi no comí nada. Era un desastre, y la cena se desarrollaba con un momento incómodo tras otro. Derramé una bebida; casi me caigo; estaba tan nerviosa que apenas podía hablar. Ahora pienso en esto y me pregunto por qué no pude percibir las señales de alerta. Comencé mintiéndoles a mis papás: las mentiras son señales de alerta. Son el comienzo de todo tipo de patrones negativos. Estaba claro que esta relación no era una buena idea. Pero me esperaban lecciones muy importantes, y vaya que las aprendí *muy duramente*.

Cuando volvimos juntos al estudio, Gianni me miró a los ojos y dijo:

—Eres hermosa, inocente, y muy dulce; me encanta eso de ti.

Cuando estábamos a punto de irnos, cada uno en su automóvil, me dio un beso en la frente, lo que precipitó un ataque de risa aterrada de mi parte. ¡No podía parar! Todo eso era tan nuevo para mí.

Era una de las últimas semanas de mi último año de la prepa-ratoria, y salí de la última clase del día, como siempre, caminando rápidamente, sin mirar a la izquierda o derecha sino dirigiéndome directamente hacia mi convertible. En el asiento delantero había un adorable osito de peluche con un lazo rojo alrededor del cuello, junto con un pequeño corazón rojo que decía: «Te amo». Junto al oso había un gran ramo de rosas rojas y una nota que decía: «Me estoy enamo-rando de ti». No estaba firmada, pero por supuesto sabía que sólo una persona podía haberla escrito. Había visto a otras muchachas recibir regalos de muchachos, pero jamás me había pasado a mí.

Permíteme dejar en claro que el cortejo de Gianni era insuperable: decía todo lo que había soñado que dijera un novio. ¿Cómo podía no pensar que era maravilloso? Y sonaba tan apasionado y sincero que creía cada palabra que pronunciaba. Comenzamos a pasar más y más tiempo juntos, principalmente en el estudio de grabación. Y luego me besó románticamente por primera vez. Estaba tan insegura acerca de qué hacer que apreté los dientes, y hubo un momento incómodo cuando nuestros dientes frontales chocaron entre sí, *¡clac!*

De alguna manera, rápidamente me las arreglé para averiguar todo el asunto de los besos y respondí a nuestro primer beso enamorándome locamente, como sólo una muchacha con baja autoestima puede hacerlo. Estaba segura de que éramos almas gemelas. ¿Qué más podía explicar la sensación de nuestros «corazones unidos»? Continué engañando a mis papás cuando me veía con él, pero después de tantas llamadas telefóni-cas, no pasó mucho tiempo hasta que comenzaron a darse cuenta de que algo estaba sucediendo, y la idea no les agradaba. Mi mamá, de hecho, pensaba que él era dulce, pero también pensaba que era demasiado mayor y que no sería un buen compañero de vida para su hija.

Tan pronto me gradué de la preparatoria, comencé a trabajar de tiempo completo en el negocio de mis papás; mi plan era empezar a asistir a una universidad comunitaria en el otoño. Mientras tanto, Gianni trabajaba a tiempo completo en docenas de trabajos diferentes.

La mayor parte del tiempo tocaba el piano en diferentes bares y eventos, y me invitaba a ir a verlo. Esta era la vida nocturna de Las Vegas de la que, hasta entonces, sólo había escuchado. Fue una introducción a un mundo que parecía muy glamoroso y emocionante. También estaba totalmente deslumbrada por el talento de Gianni y su capacidad para cambiar de un instrumento a otro. Después de sus presentaciones, conducíamos hasta alguna elevación donde pudiéramos tener una vista panorámica de las luces y de la ciudad; allí nos sentábamos en su automóvil y hablábamos durante horas. Era muy romántico. Me contaba todas sus historias sobre su vida como músico, y cómo quería y planeaba salir adelante. «Voy a fingir mi éxito hasta que realmente lo logre», decía. Yo lo encontraba fascinante. Comenzó a enseñarme a tocar la batería, y cuando se paraba detrás de mí para mostrarme cómo sujetar las baquetas, sentía que estaba con un hombre que tenía el control. Una de las razones por las que me enamoré de él es porque creía que tenía mucho que enseñarme. Incluso trató de convertirme en cantante, pero era demasiado tímida.

Mi elección «todo o nada»

Gianni y yo teníamos unos tres meses de relación cuando llamó por teléfono después de la estricta hora en que mis papás nos pedían «apagar todo» a las ocho de la noche. Mi mamá me pidió que colgara el teléfono. Mi papá dijo: «Llamar a las nueve y media es una falta de respeto. Necesita mostrar más respeto por esta familia». Estaba tan nerviosa y avergonzada que no sabía qué hacer. Gianni me pidió que por favor buscara la manera de salir y encontrarme con él en la farmacia más cercana a mi casa. Colgué el teléfono, esperé unos diez minutos, y convencí a mi mamá de que necesitaba algo de la farmacia, lo que implicaba que me había quedado sin productos de higiene femenina. Él me estaba esperando en uno de los pasillos, entre los medicamentos para el resfriado y la aspirina para bebés. El corazón me palpitaba rápidamente.

—Ya no puedo hacer esto —dijo—. Quiero estar contigo. Esta situación es demasiado. O vienes conmigo ahora o me voy de regreso a California o incluso a México.

Me miró a los ojos y repitió:

—Si me amas, confiarás en mí y te vendrás conmigo. Si no, me voy a México y nunca más nos volveremos a ver.

Me dio la impresión de que hablaba en serio.

Tenía que elegir entre todo o nada. ¿Lo perdía, o perdía a mi familia? ¿Valdría la pena lastimar a mis papás e irme con Gianni? ¿O me arriesgaba a perderlo a él para siempre? La mera idea de estar sin él hacía que mi estómago se revolviera, y me llenaba de ansiedad. Pero en retrospectiva, me doy cuenta de que, más que nada, lo que realmente quería en ese momento era una sensación de libertad y una vida diferente. Mis papás eran muy estrictos, y no tenía el valor para irme de casa a vivir sola. Debajo del drama superficial, Gianni me proponía justo lo que deseaba.

Su plan era irnos a Salt Lake City, donde podríamos quedarnos con sus amigos. Me dijo que sería como fugarse de luna de miel. Subimos a mi automóvil, nos detuvimos en la gasolinera más cercana para llenar el tanque, y nos fuimos. «No me importa nadie más que tú», me dijo. Mientras conducíamos, me dio una serenata. Si tenía dudas en ese momento, escuchar su maravillosa voz cantando canciones de amor me permitió ponerlas todas a un lado. Con la capota abierta, respirando el aire fresco de la noche, también sentí una nueva y maravillosa sensación de libertad. Me animó, y durante esas pocas horas, al menos, me sentí empoderada y como si estuviera a cargo de mi propio destino.

En Salt Lake City hicimos todas las actividades turísticas habituales, explorando los puntos de referencia y parques de la ciudad. Los amigos de Gianni, que nos dejaron quedarnos en su casa, eran amables y me aceptaron. También dormimos juntos por primera vez. La verdad es que no me pareció tan excitante como las horas que pasábamos simplemente acariciándonos. No fue lo que esperaba. La tierra debajo de mí no tembló, y no oí los fuegos artificiales. Tampoco podía sacudirme la preocupación de que estábamos haciendo algo que iba en contra de todo lo que me había inculcado mi mamá, esperar hasta el matrimonio, y mi culpa y confusión bien podían ser un factor en cómo me sentía en ese momento. Debo añadir que el sexo no era lo único que me hacía sentir culpable. Durante mi estancia en Salt Lake City me sentía culpable por todo, particularmente por mis papás, que sabía que debían estar más que afligidos. Incluso hoy día no puedo creer que les haya hecho eso. No tenían ni idea de por qué no volví de la farmacia o de dónde estaba. Más tarde descubrí que estaban tan preocupados que llamaron a la policía. También me preocupaban mis hermanas, particularmente Lily, que siempre estaba conmigo. Un día me dijo que mi desaparición representó un gran trauma en su vida.

Pasó una semana antes de que Gianni y yo regresáramos a Las Vegas. No sabía qué esperar de mi mamá, pero cuando finalmente la vi, todo lo que hizo fue abrazarme fuerte y decir:

—¿Por qué nos hiciste esto a tu papá, a tus hermanas, a tu hermano y a mí? ¿Por qué? Tú mereces mucho más. Él no es el indicado.

—Lo amo. De verdad lo amo. Estoy segura de que es el hombre con el que quiero estar toda mi vida —le respondí.

Ella estaba decidida a ser muy honesta.

—No sabes lo que es el amor. Ve a la universidad. Hay otras cosas que puedes hacer. Conocerás a otros hombres; él es demasiado mayor para ti. Puedes estudiar flamenco en España. Te ayudaremos y apoyaremos a perseguir tu sueño.

Más que cualquier otra cosa, quería seguir estudiando flamenco, pero incluso esa oferta no pudo alterar el rumbo terco en que me encontraba. Fui rebelde. En el fondo, sabía que no estaba tomando la decisión correcta, pero ignoré esa voz interior. Cuando no escuchamos esa voz interior, siempre hay graves consecuencias. ¿Por qué no escuché a mi mamá, que siempre quería lo mejor para mí? La vida me ha enseñado que el universo nos da advertencias antes de tomar decisiones. He aprendido que nuestros instintos son ángeles que intentan protegernos. Necesitamos aprender a escuchar.

En retrospectiva, también es interesante que mis papás, siendo tradicionales, no dijeran nada como: «Has estado con ese hombre, por lo que el matrimonio debe ser tu prioridad». Estaban muy seguros de que Gianni no era adecuado para mí. En verdad, yo también estaba en conflicto con la idea del matrimonio. Por un lado, me daba vergüenza que la gente pensara que Gianni y yo estábamos «viviendo en pecado», así que alenté a todo mundo a pensar que nos habíamos casado. Sin embargo, en realidad no estaba tan ansiosa por casarme. Probablemente me estaba rebelando contra la forma en que me criaron. Tan acostumbrada como estaba a seguir todas las reglas y normativas tradicionales, ya no quería vivir así y, en cierta forma, comencé a mostrarme casi desafiante en mi enfoque del mundo. Quería sentirme libre de tomar mis propias decisiones y elecciones. Pero había un gran problema: en el proceso de tratar de encontrar mi libertad, logré perder aún más mi sentido de identidad. Y mi decisión de huir con Gianni estaba haciendo que cada vez fuera más difícil descubrir quién era y lo que realmente quería.

Perder tu sentido de identidad

Cuando conocí a Gianni, mi sentido de identidad era débil en el mejor de los casos. Era muy insegura y tenía una autoestima muy baja. Con la mente llena de fantasías, alimentadas por los libros que leía y las películas que veía en mi tiempo libre, no estaba preparada para estar en una relación. De joven pensaba que «estar enamorada» significaba que tenías que renunciar a todas las partes de ti para hacer feliz a la otra persona. Para mantener feliz a Gianni, estaba preparada para renunciar a todos mis intereses y pasiones. Perdí mi propio sentido de identidad, sin mencionar mi conexión con los demás, incluyendo mi familia. Él iba primero. Yo formaba parte de una familia con fuertes valores sobre cómo vivir y comportarme, pero de alguna manera los valores de Gianni se volvieron prioridad en mi vida.

No sabía cómo decirle «no», y de todos modos no quería hacerlo. Renuncié a mis propias metas, sueños e ilusiones para hacer lo que creía que lo haría feliz. Sin considerar lo que realmente estaba haciendo, renuncié a mi esencia pensando que eso fortalecería nuestra relación; en realidad pensaba que ceder era parte de mi papel como mujer. Terminé sintiéndome vacía, enojada, resentida e infeliz. Cuando renuncias a tus propios sueños, pierdes tu inspiración, tu creatividad, tu esencia.

Te pierdes a *ti misma*. Es como si no hubiera nadie en casa. Cualquier relación que requiera que renuncies o reprimas esas partes importantes de ti están condenada al fracaso. En ese momento no era mi mejor «yo» y no aporté lo mejor de mí a la relación ni a ninguna otra cosa.

Mi relación con Gianni me enseñó la siguiente e importante lección: nunca renuncies a tu identidad. Mantén tus propios intereses, y sé siempre fiel a tus valores y creencias. Aférrate a ellos como si tu vida estuviera en juego, porque lo está. Debes entender que una relación saludable sacará a relucir lo mejor de ambas personas. Una relación saludable proporciona una base sólida para que continúes creciendo como ser humano, y jamás te limitará. Nunca renuncies a tu independencia y a decidir por ti misma. Nunca renuncies a tus relaciones con familiares y amigos, ni a tus principios, opiniones, sueños y metas. Si tu relación te hace sentir que estás renunciando a algo de lo antes mencionado, es una importantísima señal de advertencia de que no estás tomando una buena decisión para tu vida.

Vivir juntos

Encontrar un lugar para vivir en Las Vegas fue uno de los primeros problemas que enfrentamos Gianni y yo. Nos las arreglamos para conseguir un apartamento económico a corto plazo, pero uno de los consejos de mi papá de evitar tirar el dinero en un alquiler resonó en mi mente, por lo cual casi de inmediato comencé a buscar una casa para comprar. Las primeras semanas viviendo juntos fueron buenas. De muchas maneras, Gianni continuó fungiendo como maestro y guía. Me encantaba el lado poético de su personalidad y su forma de hablar. También adoraba el cine y alquilaba películas. Siempre recordaré haber visto juntos esas viejas películas en blanco y negro: *Casablanca, Sabrina, Vacaciones en Roma, Sucedió una noche*. Me presentó un mundo completamente diferente.

Gianni trabajaba mucho en los hoteles y otros lugares en Las Vegas, y yo iba con él. Era divertido. Esa parte fue buena. Pero también hubo otras. Resultó que Gianni era extremadamente controlador. Tenía ideas muy definidas acerca de cómo debía vestirme y verme, y comentaba sobre todo lo que me ponía, llegando incluso a elegir mis atuendos. «Ponte esto», decía, entregándome un vestido no sin antes haber seleccionado exactamente qué zapatos y aretes irían mejor con él. El propio Gianni era muy meticuloso con su arreglo. (¡Usaba *mousse* en las pestañas!). También iba a comprar ropa conmigo, y tenía mucho que decir sobre lo que yo compraba y cómo debía usarlo. Al principio me sentía halagada y tomaba esa atención como manifestaciones de su amor. Luego comencé a sentir que me trataba como una muñeca, como propiedad suya. Salíamos casi todas las noches, y siempre quería que estuviese completamente maquillada, y que usara joyas y mis mejores prendas.

—Nos vemos bien juntos —decía él.

Una de las pocas cosas que no hicimos juntos fue buscar casa. Gianni pensaba que comprar una propiedad era una idea muy loca, pero no hizo nada para detener mi búsqueda. En esa época en Las Vegas, antes del colapso del mercado inmobiliario, el requisito principal para obtener una hipoteca era que respiraras. Aunque sólo tenía dieciocho años, tenía dinero en el banco y un sueldo fijo del negocio de mis papás. Como Gianni no tenía un trabajo permanente, agregar su nombre a la hipoteca sólo habría complicado las cosas. En muy poco tiempo, encontré una casa de tres dormitorios y dos baños en un nuevo fraccionamiento. A pesar de que Gianni no estuviera entusiasmado, nunca me dijo: «No lo hagas». Tampoco dijo: «Hagamos esto juntos». Más tarde, me alegraría de que mi nombre fuera el único en la escritura, pero en ese momento realmente no parecía ser un problema, y pensé que todo se resolvería de cara al futuro. Una de las mejores cosas de la casa era que una de las habitaciones podía convertirse de tiempo completo en el estudio musical de Gianni, un lugar donde podía trabajar sin tener que pagarle a alguien un alquiler adicional.

Durante nuestras primeras semanas viviendo juntos, sentía que Gianni me amaba y, tal vez por primera vez en mi vida, comencé a sentirme un poco más cómoda en mi propio cuerpo. Sin embargo, no me sentía tan cómoda como para vestirme o desvestirme delante de él. Gianni andaba alegremente desnudo; yo, por otro lado, siempre estaba tapada. Y te digo más: en los primeros días de nuestra relación, cuando íbamos juntos a todas partes, se mostraba celoso. Un día, fuimos a una cita con un agente de bienes raíces que quería hacer un comercial utilizando uno de los *jingles* de Gianni. Nos encontramos en una cafetería, pero luego quiso mostrarnos una de sus propiedades. No tenía idea de que Gianni y yo éramos pareja, y cuando nos pusimos de pie para ir a la propiedad, el agente me hizo un gesto para que lo acompañara. «No te preocupes», le dijo a Gianni mientras me llevaba hacia su automóvil. «Yo me encargo de ella. Tú sígueme».

¿Qué estaba yo pensando? No mucho. Después de todo, era sólo un viaje en automóvil de diez minutos. Yo, por mi parte, intentaba ser muy amable con el agente con la intención de ayudar a Gianni a cerrar el trato. Honestamente, nunca pensé que el agente se interesara en mí. Nunca coqueteé con él, pero Gianni estaba furioso. Su voz era ruda, y me amenazó: «Que sea la última vez que me haces algo así». Esa fue probablemente la primera vez que vi ese lado de su personalidad. Actuaba como si lo hubiera engañado. Su ira era tan real que de verdad me hizo sentir como si lo hubiera hecho. Salió furioso de la casa, dando un portazo. Sinceramente me preocupó que me dejara, y me senté en casa todo el día, esperando a que sonara el teléfono. «Oh, Dios mío», pensé, «esta relación está arruinada y todo es mi culpa». A medida que pasaba cada hora, me ponía más y más ansiosa. ¿Dónde estaba? ¿Qué estaba haciendo? ¿Regresaría? Estar paralizada por la ansiedad y preocupada por el paradero de Gianni se convirtió en una de las constantes de nuestra relación, pero esa fue la primera vez que me senté a esperar, abrazando el teléfono y esperando que sonara.

Rápidamente adapté mi comportamiento, tomando siempre en cuenta sus celos. No me llevó mucho tiempo darme cuenta de que no debía interactuar con ningún otro hombre, así que tenía mucho cuidado con eso. Pero no eran sólo los hombres los que lo ponían celoso. Básicamente no quería que me relacionara con nadie más que él. Incluso se molestaba y enojaba si quería visitar a mi familia, por lo que mi relación con mis papás se volvió más tensa y distante. Él no quería pasar tiempo con ellos o involucrarlos en nuestra vida de ninguna manera, y nuevamente intenté satisfacer sus deseos.

Gianni estaba totalmente obsesionado con embarazarme. Era tan joven y habíamos estado juntos tan poco tiempo que no me sentía segura de estar lista para ser mamá. Pero quería complacerlo.

—Bueno, ¿crees que estás embarazada? —preguntaba constantemente.

—No —le respondía con tristeza.

—¿Y por qué no? —preguntaba.

Cada vez que la respuesta era negativa me sentía como si le estuviera fallando a él y a la relación. En ese momento no cuestionaba su necesidad de embarazarme, y de hecho daba por sentado que era una cuestión de su ego masculino y su intención de «fortalecer» nuestra relación. Nos tomó unos cuatro meses, y cuando sucedió, no necesité una prueba de embarazo o una visita al médico para confirmar que estaba embarazada porque casi inmediatamente padecí de náuseas matutinas bastante severas. Aunque no eran realmente «náuseas matutinas», porque tenía náuseas y expulsaba oleadas de vómito a todas horas del día. Y luego comencé a aumentar y aumentar de peso, lo cual era extraño porque sentía que no comía casi nada. Pero gran parte de lo que retenía eran carbohidratos altos en calorías que comía principalmente a altas horas de la noche, cuando sentía un poco menos de náuseas.

Considero mi relación con Gianni una gran lección de vida. Aquí van algunas de las cosas que aprendí:

No esperes que tu vida sea como una película romántica. El hecho de que un hombre diga todo lo que quieres escuchar no significa que sea sincero, o que sea la persona adecuada para ti.

Cuando conozcas a alguien que te atraiga, tómate tu tiempo antes de entregar tu corazón. Si una relación está destinada a darse, se dará.

No dejes que la soledad dirija tu vida. Cuando era joven, me sentía tan privada y deseaba tanto un novio, que probablemente hubiera correspondido a cualquiera que dijera: «Quiero estar contigo». Esto siempre es un error.

Escucha tu voz interior y presta atención a tu intuición. Sabía que algo estaba mal cuando Gianni comenzó a estar tras de mí. ¿Por qué me presionaba tanto para llevar nuestra relación al siguiente nivel? Teníamos tan poco tiempo de conocernos,

¿por qué estaba siendo tan imprudente? Cuando me pidió que huyera con él, yo sabía con seguridad que no era lo que debía hacer. Me sentía excluida, viendo a todos los demás salir, y dejé que el miedo tomara decisiones en mi vida cuando debería haber retrocedido y decir: «¡Espera, voy muy rápido!»

No renuncies a tus sueños sólo porque alguien te lo exija. ¿Por qué estaba tan dispuesta a dejar las cosas que quería hacer, como ir a la escuela y estudiar flamenco? Siempre es importante seguir tus sueños. Llegar a *conocerte* y tener muy claro: ¿qué te gusta? ¿Qué quieres?

No tengas tanto miedo de perder a alguien y por ende terminar haciendo todo lo que esa persona quiere. Es sano decir «No, gracias» cuando alguien te ofrece algo que realmente no te interesa.

No tengas miedo de decir que no estás lista para dar el siguiente paso. Si no estás lista, no estás lista. Quien realmente te ama y respeta lo entenderá. Respetará tu decisión y te esperará.

A la menor señal de que reconozcas que te has involucrado con una persona controladora, busca ayuda profesional sobre lo que debes hacer para protegerte. Nunca confundas el control con el amor. A veces confundimos el control con el amor a causa de nuestra propia soledad y necesidad de sentirnos amados.

Date tu tiempo; no te apresures. Concédete un margen de tiempo para saber cómo son las personas que estás conociendo. Indaga sobre sus valores, principios y objetivos y siempre observa sus acciones, no sólo sus palabras.

Tu primera oportunidad no será la última

Cuando una oportunidad emocionante aparece en nuestro camino y creemos que la queremos, a veces nos apresuramos demasiado, temerosos de que, si no la aprovechamos, nunca tendremos otra. Pero en la vida siempre habrá más oportunidades, y por lo general mejores. Una mujer segura de sí misma reconoce que tomarse su tiempo y estar segura de lo que quiere y adónde va es la jugada más sabia.

¡Tu primera oportunidad no será la última! De hecho, deben ser sólo eso: nuestro primer intento y una gran experiencia de aprendizaje. Tomar lo primero que se cruza por tu camino, ya sea amor, un trabajo o una cita de último minuto para el sábado por la noche, sin pensarlo bien, es no mostrarte el respeto que mereces. Mantente valiente y no temas decir «no». Demasiadas veces en la vida, cuando aprovechamos esas primeras oportunidades, nos estamos conformando, y hasta cierto punto lo sabemos. Así es como muy probablemente terminamos en situaciones infelices, deseando haber esperado mejores oportunidades. Prepárate para el éxito. Reconoce cuando estás tomando una decisión basada en el miedo. Pregúntate: *¿Esta decisión viene de un lugar de inspiración o de desesperación?*

Di: *Soy digna de amor sano y respeto.* Hazte una promesa hoy: *Nunca me conformaré con menos de lo que merezco.*

CAPÍTULO 6

El rechazo es sólo una redirección

MI EMBARAZO CAMBIÓ TODO CASI DE INMEDIATO. LAS náuseas y la fatiga hicieron casi imposible ir con Gianni a sus presentaciones nocturnas, por lo que rara vez hacíamos algo como pareja. Él llegaba a casa muy temprano por la mañana y dormía hasta tarde, así que ni siquiera estábamos en la casa a la misma hora. Yo continuaba trabajando para mis papás porque los ataques de náuseas me dificultaban ir a cualquier otro lugar. Al principio Gianni era muy dulce tratándose de mi embarazo. Me pedía que me sentara a su lado mientras tocaba el piano, le cantaba a mi vientre y me decía que era bueno que un niño tuviera ese tipo de exposición temprana a la música. Pero al mismo tiempo, empecé a notar que emocionalmente era diferente conmigo: era menos afectuoso y mucho más dado a encontrar defectos en mí.

Fue un *shock* tal que no sabía qué pensar o cómo actuar. Mi reacción inicial fue tratar de complacerlo, algo que me resultaba cada vez más difícil.

Me preguntaba: ¿por qué Gianni no estaba feliz cuando había sido precisamente él el que insistió en embarazarme? Porque no era feliz. De hecho, casi desde el primer instante en que se confirmó mi embarazo, Gianni comenzó a distanciarse notablemente. Yo no entendía lo que sucedía o por qué. Tampoco tenía a alguien con quien hablar sobre nuestros problemas y lo que sentía. Mis papás se habían opuesto tanto a la relación que no quería causarles más preocupaciones. Todavía esperaba que su trato con Gianni mejorara con el tiempo y no quería hacer algo que pusiera en peligro esa posibilidad. Mantenía la amistad con Génesis, pero además de que ya habláramos muy poco de por sí, nuestras vidas ahora eran tan diferentes que nos habíamos convertido en amigas telefónicas, y no me sentía cómoda desahogándome con ella.

Gianni estaba conmigo el día que me hicieron el primer ultrasonido. Se sentó y miró la pequeña pantalla.

—Miren —dijo el doctor—: aquí está el corazón. ¿Quieren saber el sexo?

—Sí —respondí rápidamente. Estaba realmente emocionada.

—Es una niña —me dijo.

Miré a Gianni, esperando con toda esperanza que nuestros ojos se encontraran con alegría. Pero eso no fue lo que pasó. Gianni miró al pequeño ser cuyos latidos parpadeaban en la pantalla. La expresión de su rostro era una de puro horror. Un escalofrío recorrió todo mi cuerpo. En un nivel profundo, y muy primario, sabía que este era el final de nuestra relación, pero no quería enfrentarlo.

A medida que avanzaba mi embarazo, no iba casi a ninguna parte con Gianni, pero él todavía salía casi todas las noches. Comenzó a beber, y mucho. Me pasaba las noches sentada en nuestra casa, que intentaba decorar para nuestra familia, luchando contra las náuseas y esperando que él regresara, sintiéndome completamente sola y rechazada todo el tiempo. Por lo general terminaba quedándome dormida en el sofá. Finalmente egresaba después de las cuatro de la mañana, completamente ebrio la mayoría de las veces. Hubo muchas ocasiones en que los amigos lo llevaron a casa, borracho, y lo dejaron en el suelo.

Sentía una amplia gama de emociones negativas: miedo, soledad, depresión e ira, así como la incertidumbre sobre cómo podría arreglar la situación. No sabía qué le había pasado al hombre que había dicho: «No me importa nadie más que tú». ¿Cómo podría recuperarlo? Ocasionalmente, alrededor de la medianoche, salía a buscarlo por las calles de Las Vegas, recorriendo bares y clubes nocturnos donde creía que podría estar trabajando. También me preocupaba que pudiera tener una aventura amorosa, y quería saber la verdad sobre lo que hacía. Una vez lo vi con un hombre y tenía la mano puesta sobre la espalda del otro. En otra ocasión, Génesis me acompañó y fuimos al lugar donde trabajaba. Estaba parado afuera con una mujer. Se reía, y claramente lo estaba pasando muy bien. Génesis me dijo: «Esto es tóxico. Necesitas salir ya de esta relación».

A veces siento que mi recuerdo principal de mi relación con Gianni es estar conduciendo de noche tratando de encontrarlo mientras andaba emborrachándose. Una noche, a las dos de la mañana, estaba llorando y me subí al automóvil a buscarlo. Iba a exceso de velocidad por Las Vegas Boulevard cuando un policía me detuvo. El oficial echó un vistazo a mis lágrimas, se dio cuenta de mi embarazo y dijo:

—¿Pero qué está haciendo? ¡Usted está embarazada! ¡Podría matar a su bebé conduciendo de esa manera!

Empecé a sollozar más fuertemente y le dije que buscaba a Gianni, que no había llegado a casa. El policía insistió en que regresara a mi domicilio. Me siguió hasta llegar a mi casa a fin de asegurarse de que llegara bien. Me encaminó hasta la puerta.

—Que se vaya a la fregada ese tipo por hacerle esto mientras está embarazada —me dijo—. Olvídese de él. Usted y su bebé merecen algo mejor.

Era un buen consejo, pero no tan fácil seguirlo.

¿Qué sabía realmente acerca de ese hombre?

En casa, hacía lo que millones de otras mujeres dolidas, asustadas y celosas han hecho: me convertí en una detective. Revisaba los bolsillos de su abrigo, su cartera, cada papel en el que podía haber escrito algún número. Me preocupaba que estuviera viendo a alguien más, e hice todo lo posible por averiguar si ese era el caso. Habíamos transformado el tercer dormitorio en su estudio de grabación, así que revisé todo lo que había allí. Fue entonces cuando encontré muchas revistas: ¡porno masculino, escondido al fondo de un armario! ¿Era posible que algo más estuviera pasando?

En enero, cuando comenzó el nuevo semestre, seguí adelante con mi plan de tomar clases en la universidad comunitaria. Pero fue imposible. Por un lado, mis náuseas continuaban; por otro, había subido tanto de peso que ya no cabía en las sillas asignadas para los estudiantes. Simplemente eran demasiado pequeñas para mi cuerpo. La primera vez que fui a una clase, sabía que no iba a caber en la silla. Alguien llevó una pequeña mesa con una silla aparte y la colocó al frente del salón, donde mi enorme cuerpo quedó expuesto para que todos lo vieran. Fue totalmente humillante.

Todavía había momentos en que Gianni y yo hablábamos y nos demostrábamos afecto uno al otro, y esos momentos me daban la esperanza de que todo se acomodaría y terminaríamos siendo una pareja feliz. Pero la mayor parte del tiempo, él y yo éramos como barcos que se cruzaban en la noche. Salía de la casa para ir a trabajar alrededor de las siete de la noche, y regresaba después de las cuatro de la mañana. Dormía hasta cerca del mediodía, comía algo e iba al gimnasio, regresando por la tarde unas horas antes de irse otra vez.

Mi horario era muy diferente. Tenía que estar en la oficina de mis papás a las nueve de la mañana. A veces volvía a casa para poder comer juntos. Gianni, que seguía haciendo ejercicio regularmente y siempre se preocupaba por su salud, comía ensalada mientras yo comía puro carbohidratos, algo que él criticaba. También habíamos comenzado a discutir sobre muchas cosas pequeñas. Gianni se quejaba de que todo le iba mal en su vida, y encontraba la manera de hacerme sentir culpable por ello. Era como caminar por un terreno minado: desde su punto de vista, le había creado una larga lista de problemas. Él había aumentado de peso: culpa mía; los clientes se habían quejado de su trabajo: culpa mía; no tenía tiempo de hacer todo lo que quería: culpa mía; y sí, estaba bebiendo demasiado: de nuevo, culpa mía. ¿Y por qué, quería saber, estaba siendo tan entrometida y haciéndole tantas preguntas? Mientras tanto, yo comenzaba a hacerme la pregunta más importante: ¿me estaba él culpando de todo porque buscaba una buena excusa para irse?

En general, no lo confronté de ninguna manera. No quería causar problemas porque tenía mucho miedo de perderlo. Sin embargo, todos estos pensamientos seguían cruzando mi mente, y un día entré en su estudio mientras tocaba el piano. Sólo me acerqué y le dije que había encontrado todas esas revistas. Le pregunté si estaba con otra persona. Le pregunté si era gay, y si estaba viendo a alguien específicamente. Él dejó de tocar.

—Sólo dime, sí o no —supliqué—. ¿Qué está pasando?

Comenzó a llorar y no podía mirarme a los ojos. Sólo asentía. Nunca entendí realmente lo que significaban sus lágrimas o su asentimiento. ¿Me estaba diciendo que era gay? ¿Me estaba confirmando que estaba en una relación con otra persona? ¿Era un hombre o una mujer? Nunca pude entender por completo su reacción. También me pregunté si acaso estaba tan poco atraído a mi cuerpo porque estaba embarazada y había aumentado mucho de peso.

Poco después de eso, pasados apenas unos días de cumplir veinte años, Gianni me dijo que tenía que ir a México por asuntos de trabajo. Tenía ocho meses de embarazo; estaba increíblemente ansiosa, asustada y aterrada por casi todo lo que estaba pasando.

—Volveré en una semana —dijo.

—Pero la bebé puede nacer en cualquier momento —contesté, diciéndole algo que él ya sabía.

—Esto podría ser muy importante para mi carrera —respondió—, y no puedo darme el lujo de no ir.

Reservó un boleto de ida y vuelta, y lo llevé al aeropuerto. Su abrazo de adiós se sintió distante y frío.

—Te llamaré —dijo.

Nunca llamó. Y no regresó. Intenté llamar a la aerolínea para ver si había tomado el vuelo de regreso ya reservado, pero no me dijeron nada. Cuando llamé a su teléfono, no hubo respuesta, pero el timbre aún era algo diferente, lo que me hizo pensar que todavía estaba en México. Intenté llamar a todas las personas que pudieran saber dónde estaba. Todas dijeron que no sabían nada de él. Me di cuenta aún más de lo poco que sabía sobre Gianni, pues no conocía ni una sola persona de su familia ya que él rara vez habló de ellos. No tenía a nadie más a quien hablarle.

Me convierto en mamá

Ya fuera de mí, con mucho miedo y ansiedad, empezaron los dolores más fuertes de parto.

Llamé a mis papás y les pedí que fueran al hospital. Aún tenía la esperanza de que todo se arreglara con Gianni, así que seguí mintiéndoles.

—Gianni está en México —les dije— No esperaba que sucediera tan rápido. Y no pude comunicarme con él.

Mi fantasía era que aparecería milagrosamente como un súper papá y hombre de familia completamente comprometido, y no quería que mis papás estuvieran más enojados con él de lo que ya estaban.

No quiero sonar demasiado dramática, pero estuve en el hospital de parto por un día que pareció una semana. Quería aguantarme los dolores sin analgésicos, pero hacia el final pedí a gritos la epidural, que me ayudó con los dolores físicos, aunque no hizo nada para apaciguar el dolor emocional que desgarraba mi mente y corazón. La parte más penosa de mi estadía en el hospital fue observar a todas las parejas felices tomadas de la mano. Me preguntaba: ¿por qué estaba sola? ¿Qué había hecho yo para estar en esta situación?

Cuando nació mi niña, estaba llorando tanto que ni siquiera pude darle un nombre, así que le pedí a mi mamá que lo hiciera.

—Isabella —dijo.

—Isabella. «Bella», para abreviar —repetí. Estaba feliz de que fuera un nombre tan hermoso.

Cuando llegó el momento de irme a mi casa, mis papás me preguntaron por el paradero de Gianni, me quejé del terrible servicio telefónico en México, diciendo que no podía contactarlo.

Un asistente llegó con una silla de ruedas para que mi papá nos pudiera sacar a mi hermosa Bella y a mí del hospital. Pero yo no cabía en la silla. Tuvieron que ir a buscar una silla mucho más grande. Pero esa no fue la peor parte: lo peor fue ver a todos esos maridos sonrientes empujando a sus esposas y sus nuevos bebés. Mientras tanto, yo estaba en una silla de ruedas de tamaño extragrande, aterrada, tratando de no llorar, y siendo empujada por mi excepcionalmente paciente papá.

Mi papá me llevó a casa, trató de ayudarme lo más posible y luego se fue. Estaba sola en una casa silenciosa y solitaria. Sólo podía escuchar mi interminable diálogo interno: ¿Qué pasó? ¿Por qué cambió Gianni? ¿Por qué parecía ser una clase de persona para luego convertirse en otra? ¿Era todo culpa mía? ¿Cuáles eran las razones? ¿Acaso fue mi peso? ¿Estaba él en una relación con alguien más? ¿Prefería él en realidad a los hombres? ¿Huyó porque quedé embarazada y la relación se volvió demasiado real para él? Todo lo que yo quería era un matrimonio como el de mis papás. ¡¿QUÉ PASÓ?! ¿Había sido simplemente un mentiroso desde el primer día?

Sólo había pasado poco más de un año desde esa tarde en que salí felizmente de mi clase y me encontré las rosas y el oso en el asiento de mi automóvil. Había guardado el oso, la nota y una de las rosas en la caja de recuerdos que tenía en mi armario. La caja contenía los recuerdos de nuestra relación. Saqué todo y lo destruí, echándolos en una fogata en el patio trasero. El oso era demasiado grande para quemarlo, así que lo corté en pedazos pequeños. Estaba furiosa; gritaba. Bella, de alguna manera, siguió dormida durante mi arranque, que terminó con un mar de llanto.

Aproximadamente una semana después, fui a visitar la oficina de mis papás. Seguía mintiéndoles sobre el paradero de Gianni, pero una mujer entró deprisa para felicitarme por mi bebé. «Usted y su marido deben estar muy felices», dijo. Asentí y sonreí. Mi mentira me desgarraba. Era un puñal a mi estómago. Desde el nacimiento de Bella, cada vez que alguien se refería a mi «marido», el puñal se retorcía un poco más.

Después de que la mujer se haya ido, entré al baño, me miré en el espejo y comencé a llorar cada vez más fuerte. Fue un colapso emocional completo y total con fuertes sollozos, golpes contra la pared, y más que unos cuantos gritos de: «¿Por qué? ¿Por qué? ¿Por qué?». Estaba muy dolida y enojada. Y por fin tuve que admitir la verdad ante mi familia, aquella que había lastimado tan profundamente al escapar con Gianni. Debían sospechar que algo andaba mal, pero no habían dicho nada. Mi mamá entró al baño, y mientras estaba allí llorando, me abrazó y lloró conmigo.

Cuando al fin dejé de llorar y volví a mi casa, comencé a deshacerme de las cosas de Gianni. Llamé a su socio, quien llegó y se llevó todos sus instrumentos musicales. Luego llamé a un conocido de mis papás se hizo cargo de toda la ropa y los artículos personales. Vació el armario. Sabía que él usaría todas esas cosas o encontraría a alguien a quien le pudieran ser de bendición.

Gianni regresó. Una sola vez. Cuando Bella tenía unos meses fue bautizada y tuvimos una celebración pequeña para ella. No tengo idea de cómo o por qué volvió. Ni siquiera supe si fue una coincidencia total que regresara cuando estábamos en la celebración, o si alguien le había contado al respecto. Había al menos treinta personas allí, algunas de las cuales aún no se habían enterado de que Gianni y yo nos habíamos separado. Me sorprendió tanto verlo que no supe qué decir. Tampoco quería avergonzar a mis papás armando una escena. En mi mente, anhelaba y esperaba que hubiera un momento para que pudiéramos platicar. Pero se fue tan rápido que no fue posible. Fue un caso de «ahora lo ves, ahora no». En algún lugar hay una fotografía de él cargando a Bella. No se quedó ni siquiera el tiempo suficiente para comer una rebanada de pastel.

Y eso fue todo. Gianni se fue y nunca más regresó.

Pero la depresión se quedó

Muchas relaciones terminan sin resolverse, pero ¿cuántas terminan sin tener una sola conversación? No llegué a platicar con Gianni. Tenía tantas cosas que decirle, pero no pude; no pude contarle cómo me había hecho sentir, ni preguntarle nada. Era como si mi corazón gritara. Me había dejado sin las respuestas a demasiadas preguntas. Este fue uno de los momentos más oscuros de mi vida. La infelicidad me invadía casi todas las noches, una vez que había acostado a Bella. Sigo sin tener las respuestas sobre Gianni y nuestra relación hasta el día de hoy.

En aquel entonces, pasé muchas horas recordando una y otra vez los detalles de nuestra relación y lo que habla sucedido. Pensaba sobre aquello incesantemente, y mi mente se llenaba de docenas de «Y si...». ¿Qué podría haber hecho diferente? ¿Qué debí hacer de manera diferente? ¿Cómo podría haber cambiado el resultado? ¿Qué habría pasado si lo hubiera confrontado la primera vez que llegó tarde a casa? ¿Qué habría pasado si lo hubiera detenido en la fiesta de bautizo de Bella y no lo hubiera dejado irse?

No podía aceptar el hecho de que el poético y sensible Gianni, que insistió tanto en tener un bebé, había terminado alejándose como si nuestra relación fuera una aventura de una noche. ¿Qué había estado haciendo conmigo? ¿Qué estaba pensando? Y, por supuesto, ¿qué estaba pensando yo al irme con él como lo había hecho? La ira y la tristeza se mezclaban y me ahuyentaban el sueño. Recuerdo muchos episodios de llanto realmente fuertes que duraban hasta que me quedaba dormida.

Estaba tan abrumada por la soledad que siempre mantenía la televisión encendida y me dormía con Univisión como sonido de fondo y compañía. Mi desdicha era tal que me convencí de que me estaba muriendo y seguía pensando: «¿Qué va a pasar con Bella?». Al comienzo de mis veinte años, adquirí una gran póliza de seguro. Tan joven como era, mi peso significaba que no podría obtener una buena póliza de seguro sin hacerme un montón de exámenes médicos. Me sentí aliviada cuando finalmente la autorizaron. Si moría, mi hija tendría al menos algo de dinero para su futuro.

Mi habitación se convirtió en mi refugio espiritual, y por la noche quemaba incienso y velas bendecidas. Me gustaba sentirme como si tuviera ángeles de mi lado y recibiera apoyo divino. No había duda al respecto: necesitaba Dios y ayuda.

He hablado con muchas mujeres, y hombres, que lucharon por recuperarse de las rupturas románticas que los trastornaron. Todos desearíamos haber tenido una varita mágica que se pudiera agitar para hacer desaparecer todo nuestro dolor.

Mi dura lección acerca de sanar un corazón roto

No puedes hacer que una persona se quede contigo, sin importar cuánto quieras que se quede. Confía en mí: algún día agradecerás que la relación se haya terminado y que no estés atrapada con la persona equivocada.

Si alguien no te cuenta por qué no está funcionando tu relación, no significa que no merezcas una explicación. Significa que la persona que amas era un idiota en ese momento de su vida y tú no te sentiste lo suficientemente segura como para ser sincera contigo misma.

La sanación no ocurre de la noche a la mañana.

Reconoce que lo que lloras es tu versión romántica de lo que creías que era la relación; eso tiene poco o nada que ver con la realidad.

Es mejor dejar a algunas personas y recuerdos en el pasado.

Si sigues enfocándote en tu versión no realista de la relación, estás atrayendo más dolor a tu vida.

Estar solo es mucho mejor que estar con la persona equivocada.

Comprende que algunos días serán peores que otros.

Este doloroso final es la forma en que Dios te protege. Podría haber sido mucho peor si hubieran seguido juntos.

Una gran lección: el rechazo es sólo una redirección.

El rechazo es sólo una redirección

No siempre obtienes lo que crees que quieres. ¿Y qué?

Ésta es una verdad importante: si estuvieran destinados a estar juntos, estarían juntos. Cuando una relación termina, recibes una gran oportunidad para aprender algunas lecciones importantes acerca de lo que sucedió. Estas lecciones son personalizadas, sólo para ti, así que pon mucha atención, aprende tu lección, y tu vida cambiará para mejor. Este es tu momento para hacer un compromiso firme de sanar y encontrar tu felicidad futura.

Comienza a redirigir tu vida reconectando con las personas que te apoyan y te aman, y pasa más tiempo con ellas. Piensa en todas las cosas que quieres hacer, desde limpiar tu armario hasta hacerte un nuevo peinado, irte de vacaciones, inscribirte a clases nuevas o encontrar nuevos pasatiempos. Se trata de crear nuevas experiencias en tu vida, unas llenas de positividad y emoción. Se te abrirán nuevas puertas.

Todos hemos experimentado el rechazo en alguna área u otra y en diferentes niveles. No siempre encontramos las parejas románticas ideales, o los amigos que quisiéramos. No siempre se nos ofrecen los trabajos que desearíamos tener. A todos nos despiden, nos rechazan o nos dejan ir en algún momento.

Puede ser que no lo veas de esta manera inmediatamente, pero todo lo que nos sucede —incluyendo el rechazo— ocurre por una razón. Siempre es para hacerte un mejor ser humano, darte mayor sabiduría para manejar tu futuro, y ayudarte a emprender un camino más feliz: el que realmente mereces.

CAPÍTULO 7

No dejes que el miedo sea tu guía

DESPUÉS DE QUE BELLA NACIÓ, NO HUBO ABSOLUTA-mente ningún romance en mi vida durante casi tres años, ni citas ni nada relacionado al amor. Le dedicaba toda mi atención y energía a mi hija y a ganarme la vida. Seamos realistas: estaba asustada. De hecho, estaba aterrada. Por mucho que quisiera una vida familiar estable como la de mis papás, no creía que lo fuera a conseguir, y tenía miedo de correr más riesgos. Pero, por más miedo que tuviera de otra relación fallida, probablemente temía más estar sola por el resto de mi vida. Estaba muy sola. No quería pasar el resto de mi vida con Univisión como pareja.

Anthony llegó a mi vida cuando Bella tenía unos tres años. Comenzamos como amigos y a la larga nos hicimos mejores amigos. Estaba feliz de que Anthony, quien estaba listo y dispuesto a asumir un papel en mi vida, estuviera allí. Él era rubio, y no parecía latino, así que los desconocidos a menudo se sorprendían cuando comenzaba a hablar español con fluidez. Era un hombre bueno, amable, y le agradaba a toda mi familia; incluso trabajó para mi papá.

Anthony, quien también era muy cariñoso con Bella, se convirtió en mi confiable y amoroso novio. Me gustaba que siempre fuera un caballero. Me fascinó que un día de San Valentín me enviara el arreglo de rosas más grande que haya visto. Cuando Bella se enfermó y vomitó todo el interior de mi automóvil, me ayudó a limpiarla y fue a comprarle un suero sin que yo se lo pidiera, y este gesto me acarameló. Me encantaba que nunca hiciera o dijera algo para hacerme sentir mal por mi peso. Era muy buen novio.

Anthony tenía muchas virtudes, desde su corazón compasivo hasta su sentido del humor. Era alegre y divertido. Era un gran admirador de Jim Carrey y nunca olvidaré la noche que pasamos viendo *Una pareja de idiotas*. Los dos nos reímos tanto esa noche. Estaba muy gorda cuando lo conocí y muy avergonzada del tamaño de mis caderas. Eran tan grandes que a veces los desconocidos —por lo general hombres malintencionados— se detenían y hacían comentarios groseros. La gente incluso sacaba sus cámaras para tomarme fotografías. Me daban ganas de desaparecer en esos momentos, pero Anthony siempre me defendía. Una vez estuvo a punto de pelearse con un hombre que se burló de mis caderas.

—Por favor, ignóralo —le rogué.

—Estoy cansado de ignorarlos —respondió. Anthony se volvió hacia el hombre—. Tienes que aprender a respetar a las mujeres.

—No tengo que respetar a ninguna gorda —respondió el hombre.

Para entonces Anthony estaba más que furioso, y con ambas manos le dio un empujón.

Cuando el hombre se dio cuenta de lo enojado que estaba Anthony, retrocedió.

Llevábamos más de un año saliendo cuando mi papá, que seguía siendo un gran partidario del movimiento de autoempoderamiento, le regaló a Anthony un seminario. La noche en que se graduó, asistí para mostrarle mi apoyo junto con su tía Carina, quien también se había convertido en una de mis mejores amigas. Al final de la noche, como es común, se pidió a los participantes que se pusieran de pie y compartieran algo que hubieran aprendido. Cuando fue el turno de Anthony, se levantó orgullosamente y me presentó.

—Esta es mi novia —dijo—. Este seminario me enseñó a ser más abierto con mis sentimientos y a apreciar a las personas de mi vida. Me he convertido en un mejor hombre gracias a Rosie y su familia. Me han apoyado mucho y también me han mostrado que es importante ser lo suficientemente valiente como para dar el siguiente paso.

Luego se arrodilló y sacó el anillo.

—Rosie —dijo—, ¿te quieres casar conmigo?

La gente comenzó a gritar y aplaudir. Anthony era mi novio y mejor amigo, y le dije que sí. ¿Cómo podría ser de otra manera?

Nos casamos en un hermoso jardín. La decoración era casi toda blanca, incluyendo muchas flores. Mi vestido era blanco, y tenía el pelo recogido con flores. Bella tenía puesto un vestido de tul blanco y rosa brillante; su cabello también estaba recogido. Mis hermanas, Priscilla y Lily, fueron mis damas de honor, y nos casó un amigo ministro. Las dos familias realmente se querían, y todos estaban felices. Yo quería mucho a su tía, que a menudo llegaba los domingos para preparar deliciosos desayunos para toda la familia.

Al principio, todo iba bien. Pero le dijeron a Anthony que era estéril, y creímos las noticias. Como estaba feliz y agradecida de que mi nuevo marido fuera tan genuinamente bueno, estaba conforme con la idea de que Bella fuese mi única hija. Llevábamos casados más de dos años cuando comencé a experimentar dolor de espalda baja, y pensé que era un periodo menstrual particularmente abundante y doloroso. Fui al ginecólogo, quien me examinó y dijo que estaba casi seguro de que había tenido un aborto espontáneo. Estaba segura de que el médico se equivocaba porque, después de todo, Anthony no podía tener hijos. Ni siquiera se lo dije porque no quería preocuparlo, y el problema pareció resolverse por sí solo. Luego, unas semanas más tarde, mi espalda comenzó a molestarme nuevamente. Me dolía mucho y estaba tan incómoda que fui al hospital con la esperanza de que me diesen analgésicos. Me sacaron sangre para realizar algunas pruebas, y me preguntaron sobre mi ciclo menstrual y si pensaba que podría estar embarazada.

—De ninguna manera —les dije—. Mi marido es estéril.

Aproximadamente una hora después, volvieron para decirme que mi nivel de hormonas indicaba que podía estar embarazada. Le conté a Anthony lo que ocurría, y cuando me aconsejaron que me hiciera un ultrasonido, Anthony estuvo conmigo para el procedimiento. El técnico comenzó el ultrasonido, y entonces... *¡Sorpresa!* En la pantalla estaba Valentino. Les conté sobre el sangrado abundante más o menos un mes antes, y me explicaron que a veces es posible que una mujer embarazada de gemelos pierda uno y continúe embarazada del otro. Recuerdo que Anthony comenzó a llorar, de tristeza por la pérdida de un bebé y de alegría porque había otro pequeñito creciendo dentro de mí. Fue un viaje tranquilo a casa e íbamos pensando mucho sobre los cambios que iban a ocurrir.

Más que experta en relaciones fallidas

Fue un embarazo muy diferente al que experimenté con Bella. Tenía muy pocas náuseas, pero a medida que avanzaba el embarazo, me volví cada vez más emocional; probablemente una combinación de las hormonas y mis recuerdos de todo lo que sucedió durante mi primer embarazo. De repente, me encontré muy temerosa de perder a Anthony tal como había perdido a Gianni, y cuando comencé a revivir el pasado, también empecé a fastidiar a Anthony por cosas pequeñas. Me quejaba, por ejemplo, de tener que pedirle que me ayudara con los trastes: ¿por qué no mostraba iniciativa? Debo admitir que me convertí cada vez más en un tormento. Pero Anthony también estaba cambiando, parecía cada vez más distante y retraído. Se apartaba mientras yo acumulaba kilos por el embarazo. En verdad, no sé qué sucedió primero: ¿comencé a fastidiar porque Anthony se apartaba, o Anthony se apartaba porque yo fastidiaba? Cualquiera que fuera la verdadera causa de los problemas entre nosotros, nuestra relación comenzó a ir mal de la misma manera que mi relación con Gianni por diferentes razones.

Mi primera pista de que podríamos tener un problema grande surgió cuando Anthony recibió una llamada telefónica que me resultó realmente rara. Acabábamos de regresar del funeral de mi abuelita María, así que ya estaba sintiendo una mezcla de emociones de por sí. Contestó su teléfono:

—Bueno —dijo y casi de inmediato agregó—, vas a tener que volver a llamar cuando esté en la oficina.

Pude escuchar la voz de la persona al otro lado de la línea. Era muy débil, pero definitivamente era una mujer que preguntó:

—¿Está ella ahí?

—Sí —respondió antes de colgar.

Lo miré. Por un momento, no supe qué pensar. La llamada duró unos segundos; la voz en el teléfono era indistinguible. Quise pensar que no había escuchado bien porque pensaba que Anthony sería la última persona en el mundo capaz de engañarme. Todo sucedió tan rápidamente que apenas pude asimilarlo por completo. Estaba confundida, pero aquello también me producía miedo y me puso en alerta. No pude evitar pensar en todo lo que había estado sucediendo. Anthony, por ejemplo, empezó a salir de casa a trabajar más de una hora antes de lo habitual. Me preguntaba de qué se trataba todo eso. Mi inseguridad se avivó, lo que a su vez me hacía pelear y fastidiar más. Esperaba que pudiéramos hablar sobre nuestra relación y llegar a un cierto entendimiento, pero Anthony guardaba silencio e interpretaba mis esfuerzos por «platicar» como más quejas.

Tenía unos seis meses de embarazo cuando Anthony anunció que era demasiado. «No puedo», dijo. «Necesito *espacio*». Se fue de la casa diciéndome que quería pasar un tiempo solo.

Su partida me dejó totalmente ansiosa y aterrorizada, y al día siguiente comencé a tener contracciones. El médico que me examinó dijo que era demasiado pronto para dar a luz; me ordenó reposo total y me dio algunas inyecciones para controlar las contracciones, diciéndome que Valentino necesitaba más tiempo de desarrollo en mi vientre.

Mientras todo esto sucedía, no tenía idea de lo que Anthony podría estar haciendo o pensando. Tenía miedo de perderlo y recuerdo haber llamado a su tía regularmente. Ella seguía pidiéndome que me tranquilizara: «Muchos hombres se ponen nerviosos ante la idea de convertirse en papás. Relájate. Cálmate, respira hondo y cuídate».

Pero me era imposible tranquilizarme: una vez más, me sentía totalmente sola, y todo me recordaba demasiado a mi primer embarazo. Sabía que algo estaba pasando, pero no lo sabía con certeza. Tenía miedo de otra sorpresa, y necesitaba más información, así que se me ocurrió buscar un investigador privado. Y eso fue lo que hice. No tenía ni idea de cómo encontrar uno y con manos temblorosas tomé un viejo recurso: la Sección Amarilla del directorio, que aún existía. Tuve suerte. El investigador al que llamé resultó tan profesional como amable. Me dijo que volvería a contactarme dentro de siete a diez días.

Poco más de una semana después, llamó y acordamos una cita. Tenía información importante: Anthony sí estaba viéndose con otra mujer. El investigador tenía fotografías de él, incluyendo algunas con su tía y esa mujer saliendo de fiesta. Al ver esas fotografías de mi marido, literalmente sentí mi corazón hundirse. Me quedé sin aliento. Descubrir que su tía Carina sabía todo empeoraba considerablemente la situación. Creo que me dolió tanto el proceder de Carina, quien consideraba mi amiga y confidente, como el de Anthony. Me tomé muy mal sus mentiras y su traición.

No pude controlar mi llanto, ni detener las dolorosas contracciones que comenzaron menos de veinticuatro horas después. Llamé a mi papá, quien me llevó al hospital mientras mi mamá se quedó con Bella. Mi parto fue rápido, intenso y traumático, y terminó con una cesárea a última hora. El pequeño Valentino pesó apenas un kilo y tuvo que quedarse en el hospital hasta que pesara por lo menos el doble. Una vez más, lloré frecuentemente tras dar a luz. Cuando la gente fue a visitarme, descubrí que varios de ellos ya sabían que Anthony estaba con otra. Me comentaron que pensaban que era sólo una «búsqueda de atención» y que no habían querido lastimarme. Saber eso me hizo llorar aún más.

Valentino nació a primera hora de la tarde. En cuestión de horas, estaba rodeada por mis papás, familiares y amigos que me apoyaban, y sollozaba sin control. ¡Dos veces! ¿Cómo podía estar pasándome esto por segunda vez? Alguien debió haberle dicho a Anthony que había dado a luz, porque se presentó temprano por la noche. Cuando un amigo cercano a la familia lo vio parado en la puerta, se acercó, se la cerró en su cara y no lo dejó entrar. ¡Eso fue todo! ¡¡¡El fin de un matrimonio con alguien que consideraba mi mejor amigo!!! Anthony hizo algunos débiles intentos por ver a Valentino, pero él ya había pasado página emocionalmente, y todo había terminado. Cuando por fin pudimos llevarnos a Valentino del hospital, me sentí abrumada por sentimientos de abandono, soledad y miedo. Allí estaba yo nuevamente sentada en una silla de ruedas extragrande cargando a mi bebé. Las lágrimas bajaban por mi rostro mientras mi papá me empujaba.

Por supuesto que estaba extremadamente herida y deprimida por el fin de mi matrimonio con Anthony, pero tengo que reconocer que no me sentía tan devastada y desconsolada como lo había estado con Gianni. Era feliz con Anthony y realmente lo amé. De no haberme engañado, aún estaría casada con él. Pero también debo admitir que tampoco estuve perdidamente enamorada. No podía evitar preguntarme si eso había jugado un papel en el resultado final de nuestro matrimonio. Tal vez él necesitaba estar con una mujer que sintiera mariposas cada vez que lo mirara. Me preocupaba que pudiera haber merecido más de lo que yo le di. Fue un buen hombre que cometió una estupidez. Yo sinceramente espero que sea feliz.

Sentí muchas cosas después de que Anthony me dejó: conmoción, sorpresa, traición y dolor. Pero más que nada, tenía miedo nuevamente. Me aterraba la perspectiva de la soledad y de vivir el resto de mi vida sin una pareja. Mis objetivos no habían cambiado: todavía quería una familia. Anthony, Bella y yo habíamos sido una familia. Cuando él se fue, me quedé sola. Era como si hubiera perdido más que un marido: perdí a mi familia. Quería un marido, y mis hijos necesitaban un papá.

Después de Gianni, no salí con nadie más durante varios años, pero después de Anthony todo fue muy diferente.

Un clavo saca otro clavo

Anthony había desaparecido de mi vida apenas unos meses cuando Marcos —a quien recordaba como el muchacho que siempre anunciaba su llegada acelerando el motor de su reluciente camioneta negra— reapareció. Algunas cosas cambiaron, porque ahora conducía una camioneta blanca. Marcos, que ahora era dueño de un negocio de arreglos domésticos, una vez se presentó brevemente en mi puerta para ofrecer sus servicios cuando aún estaba casada con Anthony.

—¿Y ese quién es? —preguntó.

—Mi marido —le respondí.

—No puedo creer que te casaste con él —contestó—. Yo me iba a casar contigo, ¿por qué no me esperaste?

—¿Eh?

Mi recuerdo era que Marcos había desaparecido de mi vida sin decir una palabra. El día que apareció frente a la puerta de la casa donde vivía con Anthony, no creo que hayamos hablado por más de unos minutos antes de que se diera vuelta una vez más y se fuera, pero resultó que no sería para siempre.

Después de que Anthony y yo nos separamos, me encontré con Marcos accidentalmente. Valentino tenía sólo unos meses cuando comenzamos a salir. Un clavo saca a otro clavo. Si estuviera hoy en una sesión de *coaching* con uno de mis clientes que comienza una relación pronto después de terminar otra, le aconsejaría que disminuyera la velocidad, que hay peligro adelante. Pero mi mayor miedo era estar sola, y por lo mismo me estaba moviendo demasiado rápido. Y, una vez más, dejé que el miedo a la soledad dirigiera mi vida.

Pero no descartemos el hecho de que había muchas cosas de Marcos que realmente me gustaban y que admiraba. Era extraordinariamente trabajador, competente, capaz y muy varonil. Tenía su propio negocio y vivía en su propio rancho. Parecía saber lo que quería. Y el hecho de que tuviera unos ojos brillantes y fuera muy seguro de sí mismo me atraía. Para nuestra primera cita, Marcos me invitó a su rancho. Yo iba empujando a Valentino en una carriola mientras Bella corría, feliz de poder ver a los caballos. Era padre estar al aire libre, apreciando la naturaleza. Miré a Marcos, y decidí que tenía muchos aspectos positivos. Los dos compartíamos la misma cultura y fue muy amable con mis hijos en ese momento. Nunca hizo o dijo nada que nos hiciera sentir inoportunos. Siempre fuimos bienvenidos. Valentino, siendo un bebé prematuro, ya mostraba señales de dificultades. También me parecía curioso que se interesara en mí: eso tenía que contar para algo. Y no olvidemos mi peso. Después del nacimiento de Valentino, pesaba alrededor de ciento sesenta kilos. Estaba tan gorda que me avergonzaba e incomodaba estar en público. Nunca quería ir a ningún lado, y a Marcos no parecían importarle las limitaciones sociales de estar involucrado románticamente conmigo. En pocas palabras: tenía miedo de estar sola, ansiaba tener una relación y formar una familia, y Marcos estaba allí, enviándome rosas y diciéndome todo lo que yo quería escuchar como, por ejemplo, que me amaba.

Quiero ser honesta: hubo otra razón muy específica que ayuda a explicar por qué me casé con él. Quedé embarazada. Reconozco que inmediatamente asumió la responsabilidad. Cuando le conté las noticias, me dijo: «No me lo puedo creer. Pero hagamos las cosas bien: no me estoy escapando. Intentemos hacer que funcione nuestra relación».

Siempre lo admiré por esa decisión. Pero no tenía ni idea en qué me estaba metiendo.

Tuvimos una fiesta que Marcos planeó. Invitó a la mayoría de sus familiares y amigos, y sus hermanas, que son excelentes cocineras, se encargaron de la comida. Nos casamos en una capilla, y hubo un mariachi. Mi familia estaba consternada por todo el asunto. No importaba que estuviera embarazada; aun así, pensaban que estaba loca por haberme casado. Minutos antes de entrar a la capilla, mi familia trató de convencerme de no hacerlo: Marcos y yo éramos muy diferentes. Mis papás se opusieron tanto al matrimonio que decidieron no asistir a la boda. Una vez más, mi sueño era que todo saldría bien, que mis papás reconsiderarían y aceptarían a Marcos, y que viviríamos felices para siempre.

Un comienzo problemático

Creo que uno de los mayores problemas que enfrentamos Marcos y yo era que teníamos ideas diferentes sobre los papeles del hombre y la mujer en un matrimonio. Marcos quería una esposa que se quedara en casa y se enfocara en cocinar, limpiar y hacer feliz a su marido. Fue muy honesto al respecto. Tan pronto quedé embarazada y me mudé con él, dejó claros sus deseos y expectativas: él sería el único proveedor de la familia. Yo siempre había trabajado; era financieramente independiente desde la adolescencia. Me fue difícil renunciar a mi independencia. No obstante, accedí e inmediatamente dejé de trabajar para mis papás y de ser maquillista.

Marcos también quería que me volviera más conservadora y modesta en mi apariencia. No quería que usara maquillaje ni joyas y prefería verme con ropa que me cubriera completamente: faldas largas, mangas largas sin escotes. Si fuera por él, no habría más manicuras o pedicuras en la vida de esta mujer.

Había otro problema que seguía presentándose: a Marcos le molestaba que yo tuviera un pasado, que hubiese tenido otros hombres en mi vida antes de él, algo que nunca mencionó anteriormente. Al principio, me sentía halagada por sus celos, lo cuales confundí con amor. Pero sus acciones y actitud se volvieron aterradoras y controladoras. Recuerdo una discusión que tuvo lugar el día de mi cumpleaños. Me salí de la rutina habitual para lucir lo mejor posible: me arreglaron el pelo y me puse un atuendo bonito. Cuando Marcos llegó a casa, malinterpretó lo que estaba haciendo y se puso furioso. En lo que a él concernía, si usaba maquillaje, era una señal de que lo estaba engañando; si mostraba escote, era una put*. Me acusó de haberme arreglado para otro, me llamó de formas horribles y degradantes, y se armó un escándalo. Supongo que luego pensó en las cosas crueles que me había dicho y comenzó a sentirse culpable, porque rápidamente regresó con mariachi. Esta clase de cambios emocionales se daba constantemente. Lo acepté y se convirtió en la norma. Cuando llegó con el mariachi, yo aún estaba llorando. Debió haber sido todo un espectáculo: una mujer al inicio de su embarazo, conteniendo apenas sus emociones —una combinación confusa de enojo, rabia y desilusión—, tratando de sonreír y disfrutar de la serenata del mariachi cantando «Bésame mucho».

Mi miedo a otra relación fallida

Debí haber dejado a Marcos a la primera señal de que era muy abusivo. Pero no lo hice. Nunca había pasado por algo así, y me impactó y sorprendió. Empecé a creer en todas sus críticas y faltas de respeto hacia mí. Era la primera vez que estaba expuesta a ese nivel de abuso físico y psicológico.

Me di cuenta de que había cometido un grave error al casarme con él. Con frecuencia me ahogaba en diferentes emociones, pensamientos y preocupaciones. Nuevamente me sentí avergonzada de decirles a mis papás la verdad sobre lo que sucedía, y una vez más sentí que los había decepcionado. Tenía mucho miedo de ver sus reacciones. También me preocupaba bastante lo que las demás personas dirían de mí. Y, otra vez más, tenía miedo de estar sola. Ahora, más que eso, tenía miedo del temperamento explosivo de Marcos. ¿Cómo reaccionaría si trataba de irme? El hecho de estar embarazada jugaba un papel muy importante en todas mis preocupaciones. No quería dar a luz de nuevo sin mi pareja, y ciertamente no quería estar sola por el resto de mi vida. Pero ¿encontraría algún día un hombre que quisiera estar con una mujer con tres hijos y una historia personal tan evidentemente incierta? Pensamientos como estos retumbaban en mi mente.

Así que lo intenté: realmente traté de ser la esposa que Marcos quería. Quería que el matrimonio funcionara, y estaba decidida a hacer todo a mi alcance para que sucediera. Pensé que si hacía todo lo que él quería, se enojaría menos. Eso significó nunca usar maquillaje y siempre ponerme atuendos que me hicieran ver como si perteneciera a otro siglo, y fue lo que hice. Eso conllevó dejar de trabajar, abandonar mi carrera y mi independencia. También significó tener que aprender a cocinar, y lo intenté. Cuando salíamos, Marcos me regalaba rosas y osos de peluche. Una vez que nos casamos, los regalos cambiaron: eran ollas y sartenes y, hasta una ocasión, me regaló una máquina de tortillas.

Uno de nuestros problemas giraba en torno a que no era buena cocinera. Insisto, era una malísima cocinera. Malísima. No podía hacer un panecillo sin que se viera deformado. Con Marcos de verdad intenté aprender a cocinar. Pero no siempre funcionó como yo quería. Todos los días comparaba mi desfavorable sazón con la de sus hermanas: dos buenas mujeres que básicamente se esforzaban mucho por ser amables conmigo. Pero me parecía que nada de lo que hacía le agradaba. Mi café, por ejemplo, siempre era malo: siempre tenía demasiada, o muy poca, canela. Esa era una de las quejas más comunes.

Y luego pasó el gran fiasco del pozole. El pozole es un plato típico mexicano parecido a una sopa. El ingrediente principal es el maíz cocido, que se mezcla con carne, generalmente de cerdo, acompañado de una variedad de vegetales. Es un plato complicado para alguien que apenas sabe revolver un huevo. Pero Marcos seguía diciéndome cuánto le encantaba el pozole, y yo, queriendo cumplir con sus estándares de buena esposa, decidí que intentaría prepararlo para él. Como dicen: barriga llena, corazón contento. Quizá podría aliviar la tensión en nuestra relación preparando uno de sus platos favoritos, quizás entonces él reconocería todo mi esfuerzo.

La preparación del pozole consiste en una gran cantidad de pasos diferentes. El maíz, por ejemplo, debe remojarse, cocerse y dejarse a fuego lento durante una hora. De hecho, se debe hacer algo especial con casi todos los ingredientes, incluyendo los chiles, que deben mezclarse y molerse. Pero realmente quería complacerlo, así que llamé a mi mamá y le pregunté: «¿Cómo hago pozole?».

Me dio instrucciones, y yo estaba lista y en marcha. Era una mujer con una misión, así que invertí una gran cantidad de tiempo y dedicación en comprar los ingredientes correctos; luego pasé la mayor parte de la mañana picando, moliendo y asando antes de guisar y hervir todo. Cuando terminé, me llevó al menos una hora limpiar la cocina. Cuando Marcos llegó a casa, le serví con orgullo el pozole.

—¿Qué es esto? —preguntó con una sonrisa burlona—. Se supone que el pozole sea verde. ¡Éste es rojo! No voy a comer esta mierd* —dijo mientras arrojaba el tazón contra la pared.

Nadie me había dicho que hay diferentes tipos de pozole —rojo, verde y claro—, cada uno típico de una región diferente de México. Mi mamá me había dado su receta para el pozole rojo. Cuando las hermanas de Marcos hacían pozole, era verde. En ese entonces no lo sabía.

Mientras limpiaba el pozole de la pared y el suelo, Marcos llamó a su hermana.

—¿Adivina qué hizo Rosie? —dijo—. Trató de hacer pozole, y no lo hizo verde.

Me sentí desilusionada al escuchar las quejas de Marcos. Era una mujer embarazada con los tobillos hinchados que se había pasado casi todo el día cocinando.

Mientras más tiempo pasábamos juntos, más insultante y abusivo se volvía Marcos: me humillaba y se burlaba de mi peso constantemente. No sé por qué acepté todo aquello. Sus insultos eran emocionalmente hirientes. Nunca olvidaré haberle compartido tímidamente mi sueño de poder trabajar en televisión. Inmediatamente estalló en carcajadas.

—¿Estás loca? —preguntó—. ¿Quién te contrataría para algo así? Eres demasiado vieja y gorda. ¡Olvídalo!

Si yo hablaba de intentar perder peso, respondía diciéndome que nunca iba a pasar, que siempre sería gorda y fea.

Y luego estaba la bebida. A veces salía por la tarde y regresaba enojado y con ganas de pelear, insultándome y oliendo a alcohol y cigarrillos. Cuando eso sucedía, odiaba estar cerca de él. Una noche, cuando tenía casi siete meses de embarazo, llegó a la casa molesto y gritando. Me empujó contra la pared y me puse a llorar. Él estaba tan enfadado y resentido conmigo, y no entendía por qué. Me preguntaba: ¿Por qué no me amaba? Si hacía todo lo que él pedía. ¿Por qué me odiaba? Después de que se durmió, encontré en su bota fichas del Bunny Ranch, el conocido burdel de Las Vegas. Al igual de lo que había sucedido con Gianni y Anthony, Marcos muchas noches no regresaba a casa. Para empeorar las cosas, cuando lo hacía era grosero y abusivo: daba portazos, aventaba los teléfonos, me sujetaba el brazo con tanta fuerza que me dejaba moretones y tenía que mentirles a mis papás sobre esas marcas. Su ira era aterradora. Por la mañana, se disculpaba y decía que no recordaba nada. A veces incluso me traía flores. Era como si estuviera casada con dos personas diferentes.

Una vez más, estaba embarazada y muy herida. Pero estaba decidida a no depender completamente de un hombre infiel. La infidelidad siempre ha sido mi límite. Sabía que debía superar mi miedo a estar sola. Si no lo conseguía, presentía que iba a morir. Tenía dolores en el pecho de no saber qué pasaría, y de tanto estrés. Se había convertido en más que una relación fallida: se convirtió en una relación tóxica y PE-LI-GRO-SA. Al menos tenía el nombre de un buen investigador privado. Cuando lo llamé, quedó realmente conmovido y molesto de que lo estuviera llamando de nuevo.

—Por favor —dijo—, dígame que sólo llama para saludarme y preguntar cómo estoy. Por favor, no me diga que se casó de nuevo.

¿Qué descubriría el investigador? Bueno, no tardó mucho en enterarse de que Marcos estaba teniendo una aventura con una secretaria en Las Vegas. Era muy similar a lo que sucedió con Anthony. Me dio todas las pruebas que necesitaba, incluyendo videos y fotografías. Cuando me contó lo que averiguó, lo primero que sentí fue vergüenza. Aquí estaba, una vez más, en una relación tóxica: una vez más embarazada y una vez más buscando los servicios de un investigador privado. No pude evitar preguntarme: «¿Qué me pasa? ¿Acaso haré algo bien alguna vez?».

Cuando Marcos llegó a casa esa noche, yo estaba viendo la televisión.

—¿Qué estás viendo? —preguntó.

—Algo interesante —respondí—. Ven a ver.

Cuando vio sus fotografías en compañía de una mujer, no supo qué decir. Permanecí en silencio por unos minutos, y luego estallé. Hasta ese momento, cada vez que Marcos me había hecho o dicho algo malo, hiriente o insultante, siempre me había quedado callada. Yo realmente quería que esta relación funcionara y no quería causar problemas, me quedé callada ante todos sus abusos. Siempre hacía lo que él decía y nunca me quejaba. Ya no quería seguir estando en una relación tóxica. Quería salir desesperadamente de ella. Todo lo que había sucedido entre nosotros llegó a un punto crítico, y me volví loca gritando y aventando cosas por la casa. Fue una catarsis tras muchos meses de silencio. Marcos nunca me había visto así y se quedó mirando sus cosas volar por toda la casa. Yo estaba fuera de control, y creo que él se quedó pasmado ante mi ira. Después de todo, finalmente se fue. Mi instinto de seguridad se convirtió en mi motivación más allá del miedo.

Alex nació dos semanas después.

No dejes que el miedo sea tu guía

Cada uno de nosotros sabe lo que es tener miedo, y a veces parece haber muchas, muchas razones en la vida por lo cual sentirlo. Cuando era joven, tenía mi propia lista de miedos. Tenía miedo de no poder mantener a mis hijos; tenía miedo de estar sola para siempre. Eso sólo para empezar. A veces el miedo puede ser paralizante; a veces nos obliga a tomar decisiones que de otro modo no tomaríamos.

Por supuesto que todos cometemos errores. La mayoría de los errores que cometemos con frecuencia se deben a que hemos dejado que nuestros miedos nos guíen e influyan en nuestras decisiones. Cuando el miedo nos guía, no tomamos las decisiones correctas. A veces, por miedo, nos metemos en situaciones tan estúpidas al igual que dolorosas. Al hacerlo esperamos tener un respiro de nuestros mayores temores. Pero no funciona así. En mi caso, pasé de una relación a otra porque tenía miedo de estar sola y fue un gran error que dominó gran parte de mi vida y mis decisiones. Tengo que admitirlo. Además, seguí en esas relaciones porque tenía miedo de lo que la gente diría de mí. Me sentía avergonzada y me preocupaba que me criticaran y juzgaran por repetir la historia nuevamente. Incluso si no dirían nada me preguntaba: ¿la gente me miraría siempre como si hubiera algo dañado en mí? No hace falta decir que también tenía miedo a lo desconocido.

Mi mamá siempre me decía: «Camina hacia adelante con fe y confía en que estarás bien». Llega un momento en la vida en que, sin importar cuán asustado te sientas, debes dejar de temer tanto a lo desconocido y tener fe en que algo mejor vendrá. De lo contrario, el miedo puede convertirse en una serie de pensamientos negativos que se materializarán. No permitas que tus miedos te lleven a aceptar situaciones que intuitivamente sabes que son algo más que imperfectas, o de plano potencialmente peligrosas. En cambio, expresa lo que quieres que suceda. Ten fe en tu futuro y en lo que mereces. Sé lo suficientemente valiente para defender lo que quieres.

Todos necesitamos mantenernos firmes y tomar decisiones basadas no en nuestros miedos, sino en nuestras creencias y convicciones más profundas; en una fe sólida, no en un miedo tonto. Ten paciencia y prepárate para recibir el amor que mereces.

Cambia tu guía, y da un salto de fe. Estos son los momentos en que debes saber quién eres: atrévete a descubrir tus fortalezas y ten el valor de averiguar hasta dónde puedes llegar. Estos son nuestros momentos de crecimiento.

Di: «Soy guiada por la fe».

«Superaré toda adversidad y crearé un cambio poderoso en mi vida».

Ahora bien, la fe es la garantía de lo que se espera,
la certeza de lo que no se ve.

HEBREOS 11: 1 (NVI)

CAPÍTULO 8

Muestra lo que tienes

EL TRABAJO SIEMPRE HA SIDO UNA PARTE ESENCIAL DE mi vida. Incluso si terminábamos eligiendo nuestras propias carreras, mi papá quería que sus hijos aprendieran a manejar el negocio familiar. Comencé como adolescente, trabajando y haciendo de todo: ventas, contrataciones y despidos.

El negocio de mis papás siempre fue mi refugio financiero, y después de que nació mi hija, sabía que no podía perder el tiempo. Tenía que mantenerla, y llegaba a la oficina todas las mañanas temprano y bien preparada. Pero también tenía otra fuente de ingresos: el negocio como maquillista que comencé en la preparatoria, algo que mi emprendedora familia siempre había apoyado. Cuando Bella tenía más o menos un año, una antigua cliente me preguntó, de la nada, si podía maquillarla para un evento. ¿Por qué no? Seguía leyendo revistas de belleza para estar al tanto de las tendencias, practicaba conmigo misma y mantenía mi kit de maquillaje listo y renovado. El día del evento, empaqué mis accesorios y a mi hija y me fui. Fue la primera y la última vez que me llevé a Bella al trabajo. Mi niña, que por lo general se portaba bien, y comenzaba a caminar, se metía en todo. A partir de ese día, asegurarme de que las nanas o mis papás pudieran cuidar a mis hijos se convirtió en una de mis prioridades principales.

La mayor parte de mi trabajo como maquillista me llegaba por referencias y de boca en boca. Mi plan de negocios inicial se enfocaba en mujeres que querían verse lo mejor posible. Entonces, pensé en los eventos en sí mismos. En poco tiempo, tenía muchos eventos, fiestas y una especialidad: las bodas. Encargarme del maquillaje para todas esas bodas podía ser un desafío emocional. No sólo me contrataban para que la novia y su corte de honor se vieran lo más bellas posibles, también se esperaba que yo fuera alegre, lo que era a veces la parte más difícil de mi trabajo. Debía asegurarme de que esos sentimientos frecuentes de soledad e infelicidad que experimentaba no salieran a relucir. Estaba allí para ayudar a la novia a celebrar el amor y el matrimonio. Pero después de que mis relaciones se desmoronaban veía a las novias felices con una sensación de profundo cinismo, y pensaba dentro de mí: ¿Cuánto tiempo les durará? A veces no podía evitar sentir pena por mí misma. Sinceramente, no pensaba que el amor romántico volviera a formar parte de mi vida. Mirando a una novia feliz, no podía evitar sentir un poco de envidia. ¿Por qué la novia sonreía tanto? ¿Qué sabía ella que yo no sobre el amor y sobre conservar una relación?

Otra pregunta recurrente que estaba en el fondo de mis pensamientos: «¿Qué habré hecho para merecerlo?». No sabía si era una pregunta autoprotectora, positiva o sana; sin embargo, mientras maquillaba la novia y la corte de honor, mi voz interior seguía cuestionando mi propia esencia.

Y luego está el otro tipo de novias: mujeres jóvenes y hermosas que eran increíblemente narcisistas y asombrosamente egoístas. Recuerdo a una en particular que comenzó a gritarle a su mamá y a mí diciendo que se veía «demasiado vieja y gorda» para estar parada junto a ella. Esperaba que yo le pusiera cinta adhesiva al cuello de su mamá para que ella no pareciera tener doble papada. Por supuesto, muchas otras novias y sus familias eran encantadoras y amables. Veía mujeres tan enamoradas y ansiosas por comenzar su vida matrimonial que me entraban ganas de llorar. Esperaba y oraba para que su felicidad perdurara, aunque personalmente no siempre creía que fuera a ser así.

A medida que el negocio de maquillaje comenzaba a prosperar, empecé a recibir más llamadas de trabajo para ir a ferias y exposiciones donde generalmente ocupaban a muchas modelos; con frecuencia tenía que contratar a un equipo de maquillistas para que me acompañaran. Muchos de mis trabajos implicaban ir a casinos y clubes nocturnos, lo que siempre me resultaba un poco traumático. Una vez fui a un club y cuando llegué allí con mi kit de maquillaje, el guardia de seguridad, que debía medir casi dos metros, no me dejaba entrar porque mi apariencia no cuadraba con su visión.

—Estamos llenos. Vete —dijo.

—No entiendes —seguía explicando—: no estoy aquí para entrar al evento, sino como maquillista.

Finalmente pude llamar a alguien, que salió para decirle al guardia de seguridad que me dejara entrar, pero fue muy humillante.

Problemas de mamás solteras

Durante un tiempo breve, mientras estuve casada con Marcos, dejé de trabajar, pero después de nuestro divorcio, tenía tres hijos pequeños que mantener. Trabajar como maquillista implicaba estar de pie durante muchas horas y gastar demasiado dinero en nanas. Mi problema era encontrar una manera de crear ingresos que fuera menos agotadora y que al mismo tiempo me permitiera pasar más tiempo con mis hijos. Crear mi propia línea de cosméticos fue la siguiente decisión que tomé para mi negocio. Comencé con unos cuantos productos: cremas humectantes, polvos, sombras de ojos, brillos labiales e iluminadores. La mayoría de mis productos eran de empresas que creaban cosméticos para compañías privadas como la mía, pero creé mis propios iluminadores, que fueron los productos que más se vendían.

Mi elegante mamá siempre estuvo presente para aconsejarme sobre el empaque: «Quieres que tu producto sea bueno, pero también quieres que se vea atractivo». Mi papá emprendedor también me aconsejó, siempre alentándome a pensar en expandir y hacer crecer mi negocio. Estaba agradecida con mi familia y amigos por su apoyo para lanzar mi marca de cosméticos. Lily siempre me ayudaba, y Génesis me apoyó a la hora de poner etiquetas en los cosméticos. El mayor desafío que enfrenté fue encontrar un lugar para empezar a vender mis productos.

Éste es un problema común en Las Vegas y tiene una solución común: acudir a los mercados, que son enormes. Un mercado es un lugar donde las personas se congregan para vender, comprar o incluso intercambiar todo tipo de productos, desde equipos electrónicos y partes de automóviles hasta ropa y muebles, tanto nuevos como usados. Usualmente hay música y siempre hay vendedores de comida. Muchos mercados se celebran al aire libre, pero hay otros en locales y lugares bien establecidos donde los vendedores pueden alquilar espacios cerrados individuales.

Alquilé un espacio que decoré; los fines de semana me llevaba a mis hijos y todo lo necesario para ellos junto a los cosméticos y mi kit de maquillaje para dirigirme al mercado, donde nos rodeaban cientos de más espacios alquilados por negocios de todo tipo: telas, ropa, joyas, equipos de cocina e incluso adivinos. Hacía demostraciones de maquillaje y cambios de imagen para personas interesadas en comprar mis cosméticos. Era realmente agotador.

Aún no ganaba lo suficiente

Fue entonces que decidí lanzar una campaña para expandir mi negocio de cosméticos. Para eso, necesitaba fotografías profesionales para publicitar y promocionarme. Decidí hablar primero con mi amigo, el conocido fotógrafo de moda profesional, Óscar Picazo; tuve la suerte de conocerlo cuando estaba maquillando para algunas de sus sesiones. Mi plan original era contratar a una modelo, pero cuando hablé con Óscar y le expresé mi preocupación por el costo, me sugirió que yo podría ser mi propia modelo: «Todas las fotografías son del cuello para arriba, y tienes una cara hermosa. Guarda tu dinero. Te tomaremos fotografías a ti».

Fue muy amable. Jamás pasó por mi mente que las palabras de Óscar cambiarían mi vida. En ese momento pensé: ahorrar dinero suena bien.

Aun así, la idea de tomarme fotografías profesionales era intimidante. Hoy, si buscas mi nombre en internet, encontrarás cientos de mis fotografías modelando con una diversidad de ropa y en todas las poses imaginables. Pero hasta ese momento había quizás pocas fotografías mías, tomadas a lo largo de mi vida y escondidas en mi casa, donde nadie pudiera verlas. Siempre las había evitado. Cuando era niña y adolescente, me eran traumáticos los días del retrato escolar y me inquietaba no saber cuáles serían los resultados. Creo que mi mamá me tomó algunas fotografías cuando tenía tres años, pero eso era todo. Algunas otras las tomaron en momentos importantes de mi vida, como mi graduación de la preparatoria, mi quinceañera y cuando me casé. Como no quería que nadie mirara mi cuerpo, me aseguré de que mis fotografías fueran pocas.

Pero decidí ser valiente con respecto a las fotografías y confiar en Óscar, quien me dijo que me relajara; sólo se vería mi rostro perfectamente maquillado, y estaba seguro de que me gustaría los resultados.

Sabía que estaría demasiado nerviosa para maquillarme sola, así que le pedí a Zee, una excelente maquillista y amiga de Las Vegas, que lo hiciera, y que además me peinara. No tenía idea de lo que sucedería después, pero seguí con el plan.

Cuando me presenté para la sesión, estaba demasiado inquieta. Óscar, que es increíblemente creativo, me acomodó en una variedad de poses y fondos diferentes para que pudiéramos tener diferentes *looks*. Hasta ese momento, no tenía una idea realista de lo difícil que es modelar. Óscar me colocó recostada, de pie. Para una toma, me tenía recostada de lado, más o menos apoyada en mis rodillas. Pensé que nunca podría levantarme. En otra, me hizo parecer como si flotara. Recuerdo que me dijo que mantuviera el cuello lo más estirado posible y que contuviera la respiración.

Óscar siempre toma fotografías maravillosas. Cuando vi los resultados, no podía creerlo. ¿Quién era esa mujer? Jamás pensé que pudiera verme de esa manera. Por primera vez en mi vida, miré mis fotografías y me sentí feliz al hacerlo. Óscar las publicó en varios sitios en internet, incluyendo Facebook. Y yo también.

¡Y se volvieron virales!

Inesperadamente empecé a recibir llamadas de importantes agencias de modelos, como Wilhelmina, para pedirme tomas de cuerpo completo. Cuando accedí y les envié lo que querían, las respuestas que recibí fueron del tipo: «¿Estás bromeando?». No podían creer que mi cuerpo de más de ciento ochenta kilos correspondieran a las fotografías que Óscar tomó de mi cara. Las agencias que me habían enviado varios correos electrónicos mostrando tanto entusiasmo por mi cara, nunca respondieron a mis fotografías de cuerpo entero. Me ignoraron. A pesar de estas reacciones, comencé a indagar más sobre el mundo del modelaje de tallas grandes. Tenía más que curiosidad. Se había abierto una ventana y me pregunté: ¿podría dedicarme al modelaje?

Una inversión de tiempo, dinero y energía

Un amigo me sugirió que comenzara compitiendo por el título de Miss Nevada Plus. ¡*Plus* significaba que no tenía que ser delgada! Eso era alentador. No sé de dónde saqué el valor, pero ése fue un momento de «¿y por qué no?» en mi vida. Tras decidir que era una meta posible, me comprometí. Hice todo lo necesario: rellené todos los formularios y conseguí apoyo. ¡Y gané! Siendo totalmente honesta, gané porque fui la única solicitante que completó todos los formularios y cumplió con todos los requisitos. Pero no me importó. ¡Estaba decidida a ser exitosa y me dirigía a las competencias nacionales!

Después de años de escuchar a la gente hablar sobre el tamaño de mis caderas, decidí que, cuando menos, no sólo quería ser Miss Plus

America, sino que me lo merecía y que podría ser una muy buena representante de este título. ¿Quién podría ser más *plus* que yo? En este momento, mi espíritu increíblemente competitivo entró en acción. Me dije que si iba a hacer esto, lo haría bien. Investigué mucho, lo que me llevó a darme cuenta de que tendría que hacer más que sólo presentarme con una silueta curvilínea. Necesitaría atuendos para las diversas categorías, como «Traje de noche». Gracias a Dios, no había competencia en traje de baño, pero sí una de «Conjunto elegante de pantalón». Y también una competencia de talento. No sabía cantar o tocar la flauta, pero había categorías alternas. Una se llamaba «Modelaje de Pasarela de Moda», y decidí que ése sería mi talento.

Podía hacerlo, pero iba a necesitar ayuda profesional.

Nada de tambalearse

Mi *coach*, Christina, era una hermosa modelo, alta y delgada. Hablamos primero por teléfono, y le conté quién era y qué quería hacer. Sin embargo, cuando aparecí en su puerta, creo que quedó impresionada por mi tamaño. Cuando comenzamos a trabajar juntas, creo que también estaba más que sorprendida de que básicamente no supiera nada sobre el modelaje. Me presenté dos veces por semana durante seis semanas para que me enseñara los fundamentos del modelaje de pasarela.

—¿Dónde está tu bolsa de modelaje? —me preguntó.

—¿Eh? —le respondí.

Resulta que una bolsa de modelaje es algo esencial. Entre otras cosas, contiene varios tipos de calzado, incluyendo zapatos planos y tacones, junto con una selección de diferentes prendas interiores, como tangas (una blanca, una *beige* y una negra) para usar con distintos tipos de ropa. Ésta fue otra primera vez, porque hasta ese momento no estaba acostumbrada a usar ese tipo de ropa interior. Las modelos también llevan moldeadores corporales, como Spanx, para ayudar a afinar sus curvas.

Recuerdo que Christina me sugirió que comenzara por una depilación con cera de cuerpo total. Traté de señalarle que estaba cerca de los ciento ochenta kilos. De ninguna manera me sentiría cómoda mostrándole a alguien —incluso a una esteticista de depilación— mi vulva.

Todo este proceso fue de mucho aprendizaje. Christina y yo veíamos videos de concursos, como Miss America.

—Mira con qué gracia gira esta concursante —decía. En ese momento yo no pensaba en la gracia. Me preocupaba principalmente caminar con tacones sin caerme.

Y luego Christina me hacía caminar y posar, y me decía:

—Así es como debes pararte para lucir más alta y delgada.

Su actitud a veces me hacía reír. Al hablar de mi cuerpo, nadie más había usado la expresión «más alta y delgada».

Pero el enfoque principal de nuestro trabajo juntas era «desfilar» con tacones.

—Por favor, nada de tambalearse —decía Christina una y otra y otra vez. Al final dejaría de tambalearme, pero luego tendía a balancear las caderas mientras caminaba.

—Te estás balanceando —me recordaba Christina.

Ella me enseñó a posar, caminar y girar en la pasarela, así como a relajar el cuerpo, mirar a la audiencia y hablar en público. Con mi peso, girar con los tacones y caminar por la pasarela era increíblemente difícil. Practicaba con Christina, y practicaba en casa. «Caminar, respirar y pararme toda recta» se convirtió en mi mantra. Christina fue tan buena y dedicada como *coach* que puso una varita de canela en mi sostén, colocada de tal manera que si me encorvaba, recibiría una punzada inmediata.

¿Qué me pondré?

Era imposible encontrar atuendos para el concurso, incluso en establecimientos especializados en ropa para mujeres de talla grande, y tenía claro que no quería usar unos que me hicieran sentir incómoda e insegura. Mi mamá siempre había mandado a hacer su ropa a medida a una talentosa costurera de Las Vegas llamada Larissa, una mujer amable y sin prejuicios que asumió el proyecto de confeccionarme algunos atuendos hermosos, incluyendo un vestido rosa brillante y negro, y uno formal azul con una cauda. Tenían pedrería y eran glamorosos, y requerían metros y metros de tela. Yo tenía dificultades financieras, por lo que era muy consciente del costo. Uno de los vestidos, que usé en el escenario durante un total de tres minutos, costó cerca de 2,500 dólares. Para pagarlo, necesitaba hacer aún más trabajos de maquillaje. Todavía recuerdo todo lo que hice para poder pagarlo.

Cuando comencé mi recorrido hacia el concurso Miss Plus America, la mayor parte de mi familia probablemente cuestionó mi cordura. Sin embargo, también estaban felices de verme con energía y con una nueva meta en lugar de hacer citas para ver médicos o estar en casa llorando en el sofá. Estaba entusiasmada y comprometida; casi todos hicieron lo que pudieron para apoyarme. Mis papás, por ejemplo, me apoyaron quedándose en casa con mis hijos. Era un viaje de dos días hasta Lafayette, Luisiana, y me acompañaron mi familia y un equipo excepcional: mi hija Bella, de ya diez años, mi hermano, mi cuñada y una estilista y maquillista. Partí con una gran ilusión y con una gran cantidad de equipaje.

Una experiencia liberadora: ya no me escondo

Ver a todas las concursantes reunidas fue una experiencia transformadora. Por primera vez en mi vida, no me sentía sola. ¡Darme cuenta de que existía toda una comunidad de mujeres hermosas y de talla grande me voló la cabeza! Verlas abrió rápidamente mi perspectiva y fue una de las cosas más emocionantes y empoderadoras que me han pasado. No sabía que había tantas mujeres confiadas de talla grande en el país. Me impresionó: fue un gran momento. Todas estas bellezas de talla grande con tacones, peinados altos, pestañas largas y joyas, caminando alegres y orgullosas me dieron ganas de llorar de la felicidad.

Durante toda mi vida había evitado hacer cualquier cosa que llamara la atención sobre mi cuerpo; siempre me escondía y elegía ropa que cumpliera una función principal: cubrirme. En Miss Plus America, me di cuenta de que ya no tenía que hacerlo. Veía a mis compañeras de concurso dando vueltas, y llegué a la conclusión de que podía medirme con las mejores. Era hora de revelar quién era y comenzar a divertirme. Podría usar tacones, mostrar mis brazos, aceptar mi cuerpo y pasar un gran momento siendo yo. ¡Qué maravillosa revelación!

Igual de importante fue ver a mi hija reaccionar ante todas esas mujeres. Creo que tanto a ella como a mí nos fortaleció la experiencia de ser parte de una comunidad de mujeres hermosas de talla grande. Uno de los eventos del concurso era una pijamada para concursantes, y me llevé a Bella conmigo. Sus ojos se abrieron ante estas nuevas posibilidades de vida. Cuando volvimos a casa, también noté que comenzó a participar en más actividades escolares.

¿Qué pasó?

Gané Miss People's Choice (por elección del público), y un premio por mi desempeño en la pasarela; me dolían los pies por el uso de tacones, pero definitivamente no me tambaleé. Un equipo de filmación de *National Geographic* que estaba cubriendo el concurso estaban convencidos de que ganaría la competencia, porque me siguió durante todo el evento, y al final me presentaron en un episodio de su serie de televisión *Tabú*.

También pensé que tenía una buena probabilidad de ganar el concurso. Pero no fue así. Ni siquiera quedé entre las diez primeras finalistas. ¿Estaba devastada? En realidad, no. Todavía estaba tan feliz por la experiencia y todo lo que había aprendido sobre mí y el mundo, que seguía muy emocionada e inspirada.

Lo más importante era que tenía una nueva actitud acerca de mí misma y de las posibilidades que existían para mi futuro. Estaba decidida. Cuando me paré en el escenario de Miss Plus America, descubrí una nueva parte de mí; una parte de mí que cobró vida por primera vez.

Una promesa a mí misma: dejar de esconderme

Después de toda una vida cubriéndome y escondiéndome debajo de ropa holgada, tomé una decisión importante: iba a usar ropa que mostrara mis brazos, mis piernas y, sí: mi escote. Iba a salir y me sentiría orgullosa de quién era y cómo me veía.

Es una pregunta interesante: ¿cambiar la ropa que usas altera la forma en que abordas la vida? La mayoría de las mujeres probablemente responderían que sí. Nos damos cuenta de que intuitivamente nos escondemos detrás de nuestros atuendos. Todas tenemos un *look* preferido, y cuando la mayoría abrimos nuestros armarios, vemos atuendo tras atuendo, todos parecidos entre sí. Todos mis armarios tenían prendas que ocultaban mi cuerpo, pero prometí que todo eso iba a cambiar.

Mi nueva y firme decisión: iba a aceptar mi cuerpo, mostrarle al mundo que era una mujer orgullosa e iba a tratar de ganarme la vida como modelo de talla grande.

En lo que a mí concernía, había llegado el momento. Me dije: no tienes nada que perder; ha llegado el momento de mostrar lo que tienes.

Cumplir un sueño «loco»: idear un plan

Cuando regresé del concurso, me reuní con mi amigo Óscar Picazo y comenzamos a crear mi portafolio de fotografías con ropa que ni siquiera intentaba ocultar mi cuerpo. ¡No más prendas oscuras de manga larga y holgadas en mi vida! Comencé a usar colores brillantes, tacones y *tops* de manga corta y faldas más cortas que mostraban mis pantorrillas. Recuerdo un *set* de fotografías fabulosas en las que Óscar me hizo posar con un atuendo encantador junto a un modelo muy musculoso, desnudo de la cintura para arriba.

Creé un sitio web, www.RosieMercado.com, que presentaba mis fotografías junto con mi biografía. Tanto Óscar como yo publicamos las fotografías en nuestras respectivas páginas de Facebook. Una vez más, recibimos miles de *me gusta*, *me encanta* y *compartir*. Me emocionaban todas las respuestas, pero no me daban el trabajo que necesitaba. ¿Qué más podía hacer para verdaderamente lanzar mi carrera de modelaje?

Cuando le decía a la gente que quería ser modelo, muchos se reían. Me decían que era un sueño loco y que debía ser realista. Esto es algo que quiero que aprendas: el mundo está lleno de detractores que no harán nada para ayudarte a llegar adonde quieres. Evítalos. Si quieres hablar sobre tus sueños, hazlo sólo con esas personas que te apoyarán. Siempre intenta rodearte de gente que te ayude a crecer. Una vez que logres tus objetivos, las mismas personas que criticaban tus sueños estarán allí para felicitarte y decirte que siempre supieron todo lo que lograrías.

Es hora de dejar de hablar e idear un plan.

Deja de hablar de tus sueños y comienza a vivirlos

Un sueño escrito con una fecha se convierte en una meta.
Una meta dividida en pasos se convierte en un plan.
Un plan respaldado por la acción hace tus sueños realidad.

Tengo memorizada esa cita del empresario y escritor Greg Reid. Es genial, y merece que todos la recordemos. Así que escribe tu sueño y ponle una fecha al lado. Ahora tienes más que un sueño: una meta.

Lo siguiente que debes hacer es crear un plan paso a paso. Toma la decisión de hacer cada día al menos una cosa que te acerque a cumplir tu sueño. Lo primero que puedes probar, por ejemplo, es dedicar al menos una hora del día a trabajar para lograr tu objetivo. Si quieres ser artista, compra los materiales que necesitas y crea durante una hora. Si quieres ser actor, inscríbete a una clase y sé constante. Si quieres ser escritor, pasa al menos una hora al día trabajando en tu historia. Si tienes una meta sencilla, como «ojalá pudiera organizar mis armarios», comprométete a pasar tiempo cada día organizando tus armarios y deja de desearlo. Si deseas perder peso, haz un plan de comidas, inscríbete a una clase de ejercicio o planea caminar durante una hora cada día. Todos tenemos metas y sueños; algunos parecen muy grandes, mientras que otros se ven muy pequeños. Sean cuales sean tus sueños, debes comenzar a dar esos pequeños pasos que te ayudarán a llegar a donde quieres estar. Toma la firme determinación de seguir y explorar cualquier vía que te lleve al lugar al que deseas. Se requiere perseverancia, fe, acción y consistencia: las claves del éxito.

Averigua también a lo que estás dispuesto a renunciar para llegar adonde quieres estar. Siempre hay un intercambio. Casi inevitablemente tendrás que renunciar a algo de tu vida anterior para seguir adelante y obtener algo nuevo. No tengas miedo de hacer esto.

Deja de esperar que las circunstancias perfectas se den antes de avanzar hacia tu nueva vida. Y no esperes a que nadie más te dé permiso. No necesitas el permiso de nadie más que el tuyo. Así que date ese permiso y comienza a ganar el impulso que necesitas. Di: «Este es mi sueño; esta es mi verdad, y empieza a moverte».

La Cara de la Full Figured Fashion Week

Un amigo me habló de la Full Figured Fashion Week (La semana de la moda de tallas grandes), y me sugirió postularme. El evento tuvo lugar en la ciudad de Nueva York. ¡Y había un concurso! Elegían a una mujer de talla grande para representar a la industria dedicada a ellas. Parecía la oportunidad perfecta para obtener algo de exposición para como modelo, y deseaba mucho ganar.

La Cara de la Full Figured Fashion Week lo deciden a través de votos en internet. Mi desafío sería encontrar una manera de convencer a mucha gente a que se tomara el tiempo de ir al sitio web para votar. Y luego, por supuesto, convencerles de que votaran por mí.

Una vez que decidí que iba a postularme, me comprometí a hacer todo lo posible para convencerlos. Sabía que tenía que ser arriesgada para obtener votos. ¡No era el momento de ser tímida! No sólo me puse en contacto con todos mis conocidos, sino que imprimí volantes y recorrí centros comerciales y edificios de oficinas en Las Vegas. Necesitaba esos votos. Alguien me presentó a una conocida personalidad de internet de nombre Skyy John, un actor que entrevistaba regularmente a una amplia variedad de personas, y después publicaba las entrevistas en YouTube. Skyy John me entrevistó. La entrevista, que pedía a la gente que votara por mí, se llamaba «¡¿La chica gorda más sensual de todas?!». Muchas personas vieron la entrevista, y obtuve varios votos gracias a ella. Estaba muy agradecida.

Todo funcionó: conseguí la mayoría de los votos. Cuando recibí la llamada de que sería la próxima Cara de la Full Figured Fashion Week, me conmocioné. Cuando pensé en lo que me había sucedido a mí, una tímida mamá mexicoamericana, divorciada y de talla grande, quedé impactada. Me senté mirando el horizonte durante media hora, tratando de procesar lo que acababa de lograr y lo que significaría para mi vida. Esta definitivamente era otra primera vez: no sólo iba a viajar a Nueva York, sino que alguien iba a pagar mi vuelo. ¡Increíble!

Esta era mi oportunidad, y la tomé

Era la primera vez que ganaba algo, y ni hablar de algo tan grande; mi emoción estaba por las nubes. Aparte de haber ganado, no sabía más sobre lo que iba a suceder o lo que debía hacer. Pero sabía que iba a desfilar por una pasarela en Nueva York. ¡Esto era algo grande y serio! Estaba decidida a no tener miedo de aprovechar al máximo esta oportunidad y lanzar mi carrera. Se había acabado lo de esconderse en los baños intentando evitar que la gente me mirara. Ahora tenía un enfoque completamente diferente.

«¡MÍRENME! Soy hermosa». Era la primera vez que podía vocalizar ese pensamiento.

¿Cuándo fue la última vez que te miraste al espejo y dijiste: «¡Soy hermosa!»? Practica hacer esto todos los días, y descubrirás la diferencia que hace en cómo te sientes acerca de ti misma. ¡Eres hermosa!

Estuve en Nueva York durante una semana. Todos fueron increíblemente amables, y pude desfilar por una extraordinaria pasarela blanca con ropa hermosa. Sabía que ésta era mi oportunidad. Si no la aprovechaba al máximo, regresaría a casa sin nada que mostrar de esta experiencia, excepto algunas buenas fotografías.

Tenía miedo a más no poder, pero era una mujer con una misión. Era La Cara de la Full Figured Fashion Week, y sabía que la mayoría de los diseñadores de ropa femenina de talla grande estarían allí. Me aseguré de saber quiénes eran y dónde estarían. Cada vez que tenía oportunidad de hablar con uno de ellos, la aprovechaba. Debo haber hablado con al menos cinco diseñadores. Comenzaba presentándome, y rápidamente pasaba a mi discurso.

—Sabe, hay grandes oportunidades en el mercado de tallas grandes. Muchas de las mujeres en este mercado son más grandes que una talla

16, pero actualmente la ropa no está diseñada para estas tallas. Todas estas mujeres también quieren tener ropa bonita. Como modelo, me gustaría ser una de las primeras en representarlas. Ellas necesitan ver cómo se ve realmente la ropa que están comprando en una mujer con la que se identifiquen y que sea más grande que una talla 16.

Les explicaba a cada uno de los diseñadores algo que ya sabían. La ropa diseñada para las mujeres de talla grande no reflejaba verdaderamente el tamaño real de la mayoría de ellas. ¿Por qué no diseñaban ropa para mujeres grandes, para mujeres como yo?

Acercarme a cada uno de ellos y describir mi visión requirió mucho valor. Cuando hablaba sobre la difícil situación de las mujeres grandes, les hablaba desde mi alma. Me había pasado la vida escondiéndome. Me llamaban «fea» muy frecuentemente por el tamaño de mis caderas. Sabía que no era la única mujer que se sentía así. Todas necesitábamos ayuda. Ropa hermosa diseñada especialmente para nosotras sería un maravilloso primer paso.

Mi papá siempre me enseñó que: «cuando quieres algo de alguien, tienes que comenzar por acercarte y pedirlo». Eso es lo que hice. Hubo un evento por la tarde en el que hablé con todos los diseñadores, y sabía que ésa podía ser mi única oportunidad de obtener su atención y decir lo que quería. Era ahora o nunca. A medida que pasaba de diseñador en diseñador, y no mostraban entusiasmo, en mi mente decía: *Siguiente, sigue adelante.* Aunque todos eran educados y amables, pude ver que mis palabras no estaban teniendo el impacto deseado; la mayoría me dijeron que esa no era la dirección a la que apuntaban. No me rendí; no dejé que todas las respuestas negativas me detuvieran. Sólo seguí adelante. Y luego comencé a hablar con la increíble y brillante Yuliya Raquel, quien en ese momento era diseñadora en IGIGI.

Cuando comencé a hablar, pude ver que mis palabras resonaban en ella. Le conté mi sueño. Quería ser parte de una campaña que inspirara a las mujeres de talla grande a comprar ropa encantadora y a estar contentas con su aspecto. Muchas mujeres de talla grande no se consideran hermosas a sí mismas. Todas han sido criticadas por su peso, y no están acostumbradas a pensar en sí mismas como bellas y poderosas.

Yuliya Raquel e IGIGI me dieron mi primera campaña. La campaña «I Am Beautiful» («Soy hermosa») se lanzó en la Full Figured Fashion Week en la primavera de 2011, y presentó un video en el que describía lo que se siente que la gente te llame «fea» por tu talla y luego reafirmando que *I am beautiful*.

Parte del lanzamiento fue una colección de vestidos de novia extraordinariamente hermosos que llegaban hasta la talla 34, o 6X. De pronto encontré trabajo como modelo pagada: la campaña «I Am Beautiful» de IGIGI lanzó mi carrera en serio y cambió mi vida.

Yo tenía una meta más amplia

Para entonces, mis objetivos habían cambiado. Realmente quería ayudar a las mujeres de talla grande a encontrar ropa hermosa. Para mí, la experiencia de ir a comprar ropa siempre se convertía en una pesadilla. Creo que esta experiencia resuena con la mayoría, si no es que con todas las mujeres de talla grande. Nunca olvidaré tener doce años y querer comprar en una tienda llamada Contempo Casuals. Ahí era donde compraban las muchachas populares. ¿Por qué no comprar yo allí también? Convencí a mi mamá y me llevó al centro comercial entusiasmadísima.

Todavía recuerdo un atuendo usado por la muchacha más popular de la escuela: unos pantalones *palazzo* de flores con una camiseta blanca, y como accesorios, una gargantilla y un sombrero negro de pescador.

Eso era lo que quería. Cuando llegué a la tienda, no hace falta decir que no pude encontrar pantalones o una camiseta que me quedaran. A esa edad, a pesar de que tenía las caderas grandes, aún no era tan grande, pero en ese momento escasas tiendas tenían tallas un poco más grandes. Terminé comprando el sombrero de pescador y la pequeña gargantilla negra, sintiéndome insoportablemente triste.

En aquel entonces, al pensar en la muchacha de los pantalones *palazzo*, sentía una profunda y poco saludable envidia. Probablemente fue la primera vez que sentí envidia o celos, y todavía recuerdo aquel momento. Tal vez se intensificó tras la muchacha usar ese atuendo para el día del retrato escolar, y no podía evitar tener envidia de cómo se veía. Me dije en mis adentros que se veía fea, lo que por supuesto no era así. Ese día del retrato escolar, quizá me sentía particularmente mal porque usaba uno de los pocos atuendos que mi mamá y yo pudimos encontrar que me servía: unos pantalones blancos holgados y un *blazer* azul oscuro con un pequeño logotipo de ancla en la solapa. Me sentía aseñorada.

No hace falta decirte cuánto me disgustaba escuchar la temida frase: «Lo siento, no tenemos ninguna talla lo suficientemente grande para ti». Hasta hace poco, sólo había unas cuantas tiendas como Lane Bryant que tuvieran tallas grandes. E incluso allí, las tallas tendían a quedarse aproximadamente en la talla 28, o 4X. En mi momento de más sobrepeso, era mucho más grande que la talla 28.

Y luego estaban siempre los vendedores «serviciales» que intentaban ofrecer algunas palabras de «consejo». Siempre recordaré a una vendedora en particular. Era alta, elegante y muy *chic*, con hermosos aretes de perlas Chanel; tenía una manicura en color tinto, y llevaba el cabello blanco y corto: perfecto.

—Tienes una cara hermosa, querida —dijo—. Deberías cuidarte mejor. ¿Sabes lo gorda que estás?

Quería responder: «No. ¡Oh, Dios mío!... Acabo de mirarme en el espejo de la tienda y vi lo grande que soy. Estoy en *shock*. Jamás me di cuenta de que estaba gorda. *Wow*. ¡Gracias por decírmelo!».

Cuando se trata de hablar sobre el peso, algunas personas necesitan aprender la diferencia entre empoderar a otra mujer y menospreciarla.

Me sentía orgullosa

Me identificaba por completo con los problemas que experimentaban las mujeres más grandes que una talla 16 en términos de comprar ropa. ¡Ése era mi mundo! Ser parte de una campaña para ayudar a mujeres de talla grande como yo a encontrar ropa hermosa me hacía increíblemente feliz. En un abrir y cerrar de ojos, para muchas personas me convertí en la cara de la mujer de talla grande. No sólo empezaba a obtener más trabajo, sino que también estaba desarrollando una presencia en internet. De la nada, cuando publicaba algo en internet, miles de personas ponían atención, y muchas respondían. Estaba construyendo una base de seguidores. Hasta ese momento, realmente no tenía ni idea de cuán fuerte estaba resonando con tantas otras personas el mensaje de que las mujeres de talla grande podíamos ser hermosas.

Muestra lo que tienes

Si quieres crear éxito en tu vida, debes ser valiente para seguir adelante. El proceso requiere una determinación total. Haz un plan, pon un pie delante del otro y sigue adelante. El fracaso es parte de la ecuación: todos fracasamos en algún momento de nuestras vidas. Pero debes reconocer que no vas a llegar adonde quieres en el primer intento. Espera que las cosas salgan mal; ten en cuenta que tendrás ganas de darte por vencida. Pero ésa no es una opción. No te dejes derrotar por las cosas que salen mal, y pase lo que pase, sigue adelante.

Siempre nos encontraremos con personas que tienen cosas negativas que decir; ésa es una forma en que el universo nos pone a prueba para ver cuánto queremos nuestros sueños. Sólo recuerda que siempre es nuestra elección si dejamos que la negatividad entre en nuestras vidas. No te ofendas por cada crítica o escéptico con que te encuentres en el camino. Sólo mantente enfocada en tu sueño y encuentra tu recompensa en el trabajo. Cuando entras en la energía de la creación, atraerás a esos maestros, mentores y oportunidades que se alinean con tus sueños y los deseos de tu corazón.

No tengas miedo de pedir ayuda. No importa lo que intentes lograr, ya sea perder peso, encontrar una carrera más satisfactoria, volver a la escuela o crear un espacio de vida más hermoso y organizado, es posible que necesites ayuda o consejos. Investiga, y organiza tu sistema de apoyo. Tienes que empezar por alguna parte. Si quieres llegar a tu destino, ganar impulso es tu primer objetivo.

Expresa tus metas y tus objetivos, y no te avergüences o incomodes si la gente se burla de lo que quieres. Sólo empieza. Llegar adonde quieres ir es como armar un rompecabezas: comienza por poner la primera pieza. Busca la siguiente. Si te equivocas: «Siguiente». Sólo sigue adelante: «Siguiente. Siguiente. Siguiente». Si tocas a la puerta equivocada y te rechazan, sólo di: «Siguiente», y continúa.

Si sientes que estás fallando, deja de preguntarte: «¿Qué caraj* me pasa?». Tuve que aprender a dejar de hacerme esa pregunta. En cambio, aprendí a preguntarme: *¿Por qué me siento así?* En mi caso, había permitido que las relaciones y experiencias poco sanas definieran quién era. Tenía que darme cuenta de que se trataba simplemente de relaciones y experiencias que sucedieron en mi pasado. Tenían poco o nada que ver con mi esencia.

Sólo sigue avanzando hacia tus metas. Cuando empiezas a moverte en la dirección en la que quieres ir, hay una sensación de creatividad e inspiración que te da impulso y te ayuda a continuar. Te verás más feliz, y la gente lo notará. No tengas miedo de equivocarte. Asume que sucederá, pero no permitas que eso te desanime. Equivocarte te da otra oportunidad para acercarte al éxito. Te enseña lo que no funciona. Ser más consciente de tus errores es una señal segura de que te estás acercando al éxito. Sigue moviéndote y busca la siguiente puerta. Aprende de tus errores. Recuerdo cuando aprendí a bailar con tacones: seguía cayéndome. Esto era parte de mi proceso. Deja de ver el fracaso como algo malo: es parte del proceso. Lo que sea que quieras aprender y donde quieras estar, persíguelo sin miedo. Continúa tomando riesgos sabios y conscientes, y sigue avanzando en la dirección que deseas ir.

Recuerda: las palabras pronunciadas son una oración al universo para asegurarte de que le das vida a tu presente y tu futuro. Camina guiada por la fe, y no por la vista. ¡Los sueños poderosos inspiran acciones poderosas!

CAPÍTULO 9

Descubre lo que puedes crear por ti misma

DESPUÉS DE MI SUSTO CON EL QUISTE CEREBRAL, Y CON tres relaciones terriblemente decepcionantes, continuaba subiendo y bajando de peso. Estaba muy determinada a recuperarme, pero aún no había logrado bajar los kilos que necesitaba. Estaba esperando subirme a un vuelo de Las Vegas a Nueva York, donde tenía programado grabar un episodio de *Curvy Girls*, un *reality show* sobre modelos de talla grande en cuyo rodaje llevaba aproximadamente seis meses. Como quería lucir lo mejor posible, llevaba uno de mis atuendos favoritos: una falda de talle alto y un lindo *top* a rayas blancas y negras que yo misma diseñé, recreando este *look* a partir de uno que había visto en una revista de moda. Mis zapatos —plataformas de punta abierta de diez centímetros— eran probablemente la parte más llamativa del conjunto. ¡Estaba en camino a Nueva York, y necesitaba estar a la moda! Había pasado por momentos difíciles, pero mi vida definitivamente estaba en alza, y en ese momento tenía alta autoestima y me sentía bien con el camino en el que me encontraba.

Tan pronto como llegó el anuncio de que el vuelo estaba a punto de abordar comencé a formarme en la línea. Ya había organizado mi equipaje de mano y me dirigía a la fila cuando vi de reojo a uno de los auxiliares de vuelo caminar hacia mí.

Me enfrentó diciendo:

—Disculpe, pero necesita comprar un segundo asiento.

—¿Qué? —le respondí. Por un momento quedé realmente confundida.

—Usted no cabe en un asiento —extendió las palabras mientras repetía lentamente—: Necesita-pagar-un-segundo-asiento—. Si no quiere que esto vuelva a suceder —continuó—, siempre debe asegurarse de reservar *dos* asientos.

Hizo hincapié en la palabra «dos». Su tono de voz no era discreto ni amable.

Estaba tan desconcertada que comencé a llorar. Ahora que lo pienso, me doy cuenta de que no debí haberme sorprendido tanto. Sabía que definitivamente era demasiado grande para caber en los asientos de automóviles. Sabía que no podía subirme con mis hijos a las atracciones en el parque de diversiones porque los asientos eran demasiado pequeños. Cuando iba a un nuevo restaurante, siempre revisaba sutilmente para asegurarme de que las sillas fueran lo suficientemente robustas como para soportar mi peso. Supongo que en cierto nivel siempre me preocupó que algo como eso pudiera suceder, pero aun así fue un *shock*, un duro golpe emocional, fue tan fuerte que me dejó tambaleándome.

Cuando las lágrimas comenzaron a rodar por mi cara, pude ver a un pequeño grupo de hombres que viajaban juntos mirándome y riéndose de mí. Alguno de ellos dijo: «Qué mujer más gorda». Estaba muy acostumbrada a escuchar ese tipo de comentarios sobre mi aspecto físico.

Todo lo que quería hacer en este instante era correr a mi casa, a un lugar seguro donde pudiera esconderme bajo las sábanas y evitar el mundo exterior, pero ésa no era una opción. La historia que me impulsó para continuar fue que era una mujer divorciada con tres hijos pequeños que mantener y que definitivamente tenía que ir a Nueva York por trabajo, así que me sequé las lágrimas y me apresuré a comprar un segundo boleto, luchando por no llorar y llamar más la atención.

Una vez que subí al avión, la asistente de vuelo fue muy amable, como si sintiera la necesidad de compensar mi vergüenza. A pesar de su comportamiento gentil, me sentía insoportablemente avergonzada, particularmente cuando colocó un pequeño cartel en el asiento contiguo que decía: OCUPADO. Esto hacía que todo fuera mucho más vergonzoso.

«Simplemente anestésialo», me dije. «Bloquéalo y lee tu revista». Pero eso era más fácil de decir que de hacer, y simplemente no podía hacerlo.

Claro, estaba acostumbrada a la vergüenza corporal debido a mi tamaño. Estaba acostumbrada a sentirme mal conmigo misma por mi peso, acostumbrada a sentirme como un fracaso porque no podía controlarlo. Sin embargo, en ese momento, sabía que mi vida no podía continuar como en el pasado. Pesaba más de ciento ochenta kilos: mis rodillas crujían cuando caminaba, y a no ser que hiciera algunos cambios importantes, tendría que renunciar a mis queridos tacones de plataforma. Pero mis problemas eran más que físicos: también quería ser fuerte y positiva para mis hijos; quería proporcionarles un modelo de vida sana a seguir para que tuvieran vidas productivas y tomaran buenas decisiones. Y, en lo emocional, definitivamente no podía arriesgarme a tener más experiencias como ésa. Necesitaba perder peso, pero igual de importante, necesitaba seguir trabajando en mejorar mi autoestima. No podía permitir verme devastada por eventos y juicios negativos. Mi enfoque de vida necesitaba cambiar. Tenía que aprender a dirigir y controlar mis emociones en lugar de permitir que ellas me controlaran. Tenía que aprender a reescribir mi historia, y a demostrarme a mí misma que podía hacerlo.

Mi mayor peso

Pesaba cerca de ciento noventa y dos kilos.

Mis caderas medían unos dos metros.

No siempre podía cruzar de frente una puerta: tenía que pasar de lado.

Incluso cuando pasaba de lado, no siempre cabía.

Me era difícil entrar y salir incluso de los vehículos más espaciosos.

Subir y bajar escaleras era una pesadilla. Tenía que usar mis brazos para mover una pierna hacia el siguiente escalón. Luego me aferraba con fuerza a la barandilla para levantar el resto de mi cuerpo; éste era un proceso que repetía en cada escalón.

Si caminaba más de un par de cuadras, no podía recuperar el aliento y terminaba empapada en sudor.

Me encantaba bailar, pero ya no podía hacerlo.

La parte baja de la espalda y las caderas me dolían todo el tiempo, con un dolor punzante.

Sentarme y levantarme del sofá era un ejercicio aeróbico.

Quería ir a nadar, pero no encontraba un traje de baño que me quedara.

Intentaba improvisar usando *shorts* holgados y una camiseta. Podía entrar a la piscina pero cuando intentaba salir, el desafío era demasiado grande. Mi peso, combinado con el de los *shorts* mojados, significaba que mi mitad inferior era tan pesada que conllevaba gran esfuerzo subir las escaleras para salir del agua. Era una experiencia aterradora porque no creía lograrlo.

No podía hacer viajes normales con mis hijos. Si íbamos a Disneylandia, por ejemplo, siempre tenía que llevar a una nana. No cabía en ninguna de las atracciones y no tenía fuerza para estar de pie en las largas filas.

Ni siquiera podía caminar con mis hijos.

Si veía una falda de talla grande que me gustaba, a veces compraba dos de la talla más grande, la 28, y hacía que la costurera las cortara y las cosiera juntas para crear una prenda.

Era tan grande que muchas compañías de ropa no me contrataban. Mi talla ni siquiera existía entre lo que se podía comprar, tenía que mandar a hacerme todo a medida.

La llamada

Apenas había regresado de Nueva York cuando sonó mi teléfono.

Era Alexandra Boos, una pionera de tres décadas en la industria de tallas grandes. Ella misma había sido modelo (Alexandra es una rubia *sexy* y curvilínea con penetrantes ojos azules) y ahora está en el lado de la representación del negocio del modelaje. La había conocido en la

Full Figured Fashion Week hacía unos meses —estaba en un panel llamado «Una oportunidad de talla grande»—, y al momento me di cuenta de que tenía una gran energía positiva. Después del panel, fui directamente a presentarme. A diferencia de muchos de los empresarios con los que hablé esa semana, cuando platicamos, ella realmente me miró a los ojos; sentí que de verdad me *veía* por quien era. Habíamos conversado algunas veces desde entonces, y sabía que estaba interesada en mí, pero no se había concretado nada. Aun así, cuanto más charlábamos, más veía su lado profundamente espiritual, y me di cuenta de que era digna de mi confianza.

Esa llamada fue una gran mezcla de emociones para mí. Alexandra me dijo que había estado prestando atención a mi experiencia; había visto mi progreso, pero también sabía que aún no tenía el éxito que yo quería. Me dijo que aplaudía mi deseo de romper las barreras falsas que impedían que las mujeres de tallas grandes se vieran a sí mismas como aceptables y hermosas. El pecho casi se me partió en dos cuando me dijo que podía ver mi luz y que sabía que tenía un corazón lleno de amabilidad, y que era alguien que podía tener un impacto poderoso en el mundo. Me pidió que le contara todos mis sueños, y vacié mi alma con ella.

Y luego preguntó:

—¿Qué tanto quieres esto, Rosie?

Aquí es donde empieza lo interesante. Alexandra me explicó que el 67% de todas las mujeres en Estados Unidos usan una talla 14 o superior; muchas, *muy* superior. ¡La talla *promedio* de la mujer estadounidense es 16! Pero las muestras de diseño de tallas grandes utilizadas para sesiones de fotografías varían de la 14 a la 18 solamente, y por lo regular hacia abajo.

—No es discriminación, Rosie —dijo—. No te están contratando porque no te ajustas a las tallas de muestra.

Eso me hizo recordar un episodio particularmente doloroso.

Cuando me convertí en modelo de talla grande, pensé que habría menos vergüenza corporal en mi vida. Pero estaba muy equivocada. Algo que descubrí pronto es que las modelos —de talla grande o no— dan por sentado que serán juzgadas regularmente y, avergonzadas, constantemente con severidad, por todas y cada una de sus supuestas imperfecciones. Yo era una mujer con curvas pronunciadas, con caderas extremadamente grandes y un estómago que estaba lejos de ser plano. Cuando comencé a modelar, era talla 34, o 6X; si me ponías una cinta métrica alrededor de las caderas, apenas lograría rodearlas porque medían aproximadamente dos metros.

En uno de mis primeros trabajos, me llamaron para una sesión de fotografías con una línea de vestidos muy bonitos diseñados para mujeres de talla grande. En los primeros quince minutos, me di cuenta de que estaba en medio de una pesadilla porque se esperaba que entrara en uno de talla 14. ¡Imposible! No iba a suceder. Pero yo era la única modelo, y estaban en la fecha límite para terminar la sesión.

—¡No tenemos a nadie más! ¡Tiene que ser ella!— dijo alguien.

La única forma en que podían hacer que los vestidos se ajustaran a mi cuerpo era cortándolos por la espalda. Entonces eso fue lo que hicieron, mientras se quejaban todo el tiempo de que mi cuerpo era el responsable del daño a las muestras. A mi alrededor, la gente se reía. Pensaban que la situación era graciosa. Incluso la mujer que cortaba con las tijeras me dijo que no debía esperar que la compañía volviera a contratarme, luchaba por no reírse. Yo sólo tenía que estar allí, tratando de hacer mi trabajo. Por fuera, puede que haya sonreído e intentado ser feliz ante la cámara, pero por dentro, todo lo que quería hacer era llorar. Al final, la compañía recibió una respuesta tan positiva a la campaña que me *pidieron* que les modelara nuevamente, pero en ese momento, aún oyendo las tijeras que cortaban la tela, me sentí humillada y culpable por las prendas arruinadas. Recuerdo los pensamientos que pasaban por mi cabeza: ¿Qué me hizo pensar que podía ser una modelo exitosa?

Entonces volví a mi dolorosa humillación en el aeropuerto. A las salidas con mis hijos, cuando no tenía la fuerza para *estar* realmente con ellos y tenía que delegarle esos momentos de diversión a una nana. Podía sentir las lágrimas acumulándose en mis ojos.

Quería una carrera exitosa como modelo. También quería poder hacer algunas de las cosas cotidianas que veía hacer a los demás. Soñaba con lanzarme espontáneamente en una tirolesa, jugar con mis hijos en la playa o en un patio de juegos, subirme a una bicicleta o hacer una larga caminata por el bosque. Seguía soñando, y seguía intentando perder peso. Debo haber probado todos los planes de dieta que existen. Perdía peso: diez kilos, quince kilos, incluso veinte o más, pero no podía mantenerlo. Mi peso subía y bajaba sin control. Pensé en un capítulo de *Curvy Girls* donde fui a un gimnasio, y el entrenador me preguntó:

—¿Cuánto pesas?

Respondí:

—Ciento cuarenta.

No trataba de mentir: ciento cuarenta era lo que había pesado la última vez que me pesé.

Insistió en que me subiera a la báscula.

—Ciento cincuenta y cuatro.

Seguí sonriendo para la cámara, pero me sentía totalmente humillada.

La pregunta de Alexandra hizo eco en mi mente: «¿Qué tanto quieres esto, Rosie?». Y luego dijo:

—Creo en ti y en tu experiencia. Soy una mujer fuerte de fe, y estoy recibiendo un mensaje claro de que tienes un gran llamado. Quiero representarte y apoyarte. Intentaré encontrar trabajo para ti. Supongo que en la talla 28 estás cerca de los ciento ochenta kilos en este momento. ¿Estás dispuesta a bajar a una talla 18?

Sabía que llegar a la talla 18 significaba perder más de cuarenta y cinco kilos. Respiré profundamente y dije con mucha convicción:

—Sí. Lo estoy.

Cuando se trata de entrenadores, Justin Blum, de Raw Fitness de Las Vegas, es el mejor de los mejores. Es un hacedor de milagros increíble. Hablamos por teléfono, y le dije la verdad:

—Soy una mujer gorda que quiere perder peso.

—Trae acá ese trasero tuyo.

Tan sólo mirar a Justin, un hombre alto, vibrante y de aspecto saludable con un físico increíblemente tonificado, es inspirador. También es divertido. Aprecié especialmente que no fuera prejuicioso, y nunca dijo o hizo nada que me hiciera sentir mal.

Su enfoque fue directo.

—Me importa un caraj* que seas gorda —dijo—. Quiero ver qué puedes crear por ti misma. Eres capaz, y voy a presionarte, y a presionarte duro. Te digo desde ahora que habrá momentos en que me odiarás.

Me comprometí a formar parte de un grupo para un desafío de seis semanas.

Justin creó un nuevo plan de comidas para mí. En lo tocante a la alimentación, no habría más decisiones de último minuto, no miraría más el refrigerador, ni agarraría un trozo de pan o una galleta sólo porque tenía hambre y eso era lo único a la mano. Lo primero que tuve que hacer para mi nuevo plan fue prepararme tres días de comida. Iba a probar alimentos sanos, e iba a comer cada tres horas. Cuando miré la cantidad de comida en el plan recomendado por Justin, sabía que no iba a sentir hambre.

Pero más que nada, con Justin se trataba de hacer ejercicio.

—¡Mercado, a trotar!

—¡Mercado, muévete!

Se paraba detrás de mí y me hacía moverme. Me hizo correr; me hizo saltar; me hizo moverme tan rápido como podía. Cuando comencé con él, no podía saltar porque mi cuerpo no podía soportar el peso. Creó una variante de saltos laterales que podían hacerse sin que mis pies realmente se despegaran del suelo.

Y luego estaba la instrucción que nunca olvidaría:

—Es un *burpee*, Mercado. ¡Vamos!

Para aquellos que no lo saben, un burpee ***es un ejercicio de*** cuerpo completo que a veces le llaman «salto de rana». Así es como se hace:

Comienza de pie.

Muévete a una posición en cuclillas, colocando las manos en el suelo.

Patea los pies hacia atrás para quedar en una posición de tabla con los brazos extendidos hacia abajo, desde los hombros.

Usando un movimiento de salto, vuelve a colocar los pies en la posición en cuclillas.

Levántate y comienza de nuevo.

¿Y cuántos *burpees* puedes hacer en un minuto?

—No puedo hacer esto —le dije.

—Sí que puedes —respondió Justin.

Estaba segura de que nunca podría hacerlo.

—No lo estás intentando —insistió—. No aceptes lo que la gente te ha contado sobre ti, y no te rindas. Puedes hacerlo. Puede llevarte media hora hacer un *burpee*, pero *puedes* hacerlo. Descubre tu propia forma de hacerlo. No tiene que ser a mi manera. Puede ser a tu manera. Pero descúbrela.

Cuando comencé con Justin, me llevó más de un minuto hacer sólo uno. Él quería que llegara a un punto en el que pudiera hacer diez por minuto.

Hacía lo que tenía que hacer. Preparaba mis comidas; bebía mucha agua; entrenaba seis veces a la semana. Estaba perdiendo peso, y la gente comenzó a seguirme, primero en Facebook y después en Instagram. Perdí mis primeros cuarenta y cinco kilos. Estaba muy orgullosa. Sentía como si el corazón se me salía del pecho. Y me encantaba formar parte del grupo de Justin. Era como ser miembro de una familia. Cuando completé las primeras seis semanas, todos aplaudieron.

Una estrategia para mantener el compromiso

Primero comencé a publicar en Facebook sobre mi determinación de perder peso porque quería seguir comprometida. Pensaba que cuanta más gente supiera lo que trataba de hacer, más decidida estaría a no rendirme. Publicaba sobre mi progreso, y subía videos de mi entrenamiento. En ese momento, probablemente tenía unos cien mil seguidores en Facebook, al menos algunos de los cuales también intentaban perder peso. Muchas de estas personas comentaban y compartían mis publicaciones. Me preguntaban por mis recetas. Me pedían sugerencias sobre cómo mantenerse comprometidos con un programa de dieta y ejercicio. Algunos de ellos estaban muy entusiasmados e involucrados.

Mi compromiso por estar más saludable comenzó a dar frutos. Empecé a perder peso. Casi tan pronto como perdí cerca de cuarenta y cinco kilos, comencé a tener más trabajo.

Alexandra decía:

—¡Dios mío, lo estás logrando!

—Es un estilo de vida —decía Justin—. Esto será por el resto de tu vida. Deja de verlo como si fuera trabajo, y no dejes que te coma viva.

Descubre lo que puedes crear por ti misma

Eres la creadora de tu vida. Cuando mi entrenador, Justin Blum, me dijo que quería ver lo que podía crear, lo escuché alto y claro. Una de las cosas que he aprendido en la vida es que tus pensamientos e intenciones se manifiestan en lo que te sucede a diario. Te conviertes en todo lo que dices o piensas. Todo comienza en tu mente. De esta manera, cada uno de nosotros se convierte en su propia creación, ejemplos de nuestra propia intencionalidad. Si queremos crear cambios y transformaciones en nuestras vidas, tenemos que comenzar cambiando y transformando nuestros pensamientos y actitudes. El cambio comienza en el interior, con una transformación interna de la mente y el alma, y luego en el cuerpo. Entonces la vida reflejará el cambio en cada área de tu vida. ¡El poder de la intención, combinado con una acción incansable, logrará lo que nunca imaginaste que podías hacer! Te reto a que intentes esto durante la próxima semana de tu vida: verás cómo todo comienza a cambiar.

Todos tenemos una increíble cantidad de poder sobre lo que nos sucede. El cambio positivo es posible para ti, para mí y para todos los demás porque somos nuestros propios creadores.

En última instancia, somos nosotros quienes tenemos que hacer el trabajo en nuestras propias vidas. Pero a veces, si tenemos mucha suerte, tendremos a alguien que nos lleve a un punto donde tendremos que elegir y ser responsables de nuestra elección. Agradezco muchísimo que, cuando recibí la llamada de Alexandra, la reconocí por lo que era: mi momento de verdad, para elegir y comprometerme. Recuerdo que el panel en el que ella estaba participando cuando la conocí se llamaba «Una oportunidad de talla grande». Y pienso en la «o» de *oportunidad* como un gran anillo de bronce del cual aferrarse. Cuando agarré ese anillo, estaba completamente decidida a crear algo increíble con mi vida.

Es hora de crear algo increíble con tu propia vida. ¡NO OLVIDES AFERRARTE A TU PROPIO ANILLO DE BRONCE!

Y como dijo Justin: «¡MUEVE ESE TRASERO!».

CAPÍTULO 10

Vive tu propia verdad

HABÍA PERDIDO CUARENTA Y CINCO KILOS, Y LUEGO bajé la guardia por un momento. Y entonces empecé a recuperarlos.

Comenzó con un pedazo de pan. Una pequeña porción de arroz con leche. Un café con crema. Siempre que viajaba a mis sesiones fotográficas regresaba a mis antiguos hábitos, como comer comida rápida y no hacer ejercicio. De esa manera fue como aumenté de peso rápidamente. Sentí que era un desastre total.

Eran aún peores los pensamientos que cruzaban por mi mente que mirarme al espejo: me odiaba. ¡Me odiaba! Había trabajado fuerte, pero apenas hice algunas comidas poco saludables y comencé a subir de peso. Estaba abrumada por la depresión. Me cuestionaba: ¿Por qué comí ese pan francés con un poco de tocino? ¿Por qué puse crema en mi café? ¿Ese pequeño paquete extra de pasas realmente hizo la diferencia? ¿Cómo pudo pasar esto? Veía a otras personas comer golosinas, y no pesaban ciento ochenta kilos. ¿Por qué tenía un metabolismo de mierd*? ¿Por qué tiré por la borda meses y meses de hacer *burpees* por un pedazo de pizza? ¿Por qué me autosaboteaba? Me sentía como un fracaso, estaba deprimida y, repito: me odiaba.

Un mensaje

Era domingo. Acababa de llegar a casa, y me sentía totalmente desconsolada y deprimida. Quería rendirme. Estaba muy avergonzada por haber recuperado algo de peso, y no quería que nadie me viera. El resto de mi familia había ido a la iglesia. Regresé a la cama, encendí la televisión y comencé a ver una entrevista en Univisión. Sintonizar ese programa en particular en aquel momento fue uno de esos mensajes enviados por Dios. Entrevistaban a una periodista latina famosa, a María Antonieta Collins. Hablaba de sus propias dificultades con el peso y de lo derrotada que se había sentido al no poder perderlo. María Antonieta siempre ha sido descrita como una mujer inspiradora. Pero ese día sentí como si se dirigiera a mí directamente, como si fuera un ángel que me enviaba un mensaje personal. Al escucharla, me identifiqué por completo con ella. Pero la mujer que veía en la televisión no tenía sobrepeso. Había encontrado una solución a su problema de obesidad. Me pregunté: ¿cómo lo habrá hecho?

Me sentí aún más identificada cuando describió lo cansada que estaba de sentirse siempre mal consigo misma por su talla. Así me sentía yo precisamente en ese momento. Ella quería sentirse bien consigo misma. Eso era lo que yo también quería. La solución a sus problemas con el sobrepeso fue la cirugía bariátrica. Cuando la escuché hablar, pensé: ¿por qué no? Tal vez eso podría ayudarme.

Empieza la búsqueda

El lunes por la mañana comencé a reunir información sobre los médicos que hacían cirugía bariátrica, e inmediatamente encontré al doctor Bernie Hanna, un cirujano de Las Vegas que parecía muy calificado. Asistí a un seminario para saber más, y concreté una cita. No le conté a nadie lo que estaba haciendo. A nadie.

Sabía que necesitaría dinero para la cirugía. Todavía tenía la casa que había comprado cuando estaba con Gianni. La alquilaba por plazos cortos. Pero ¿por qué no ponerla en el mercado? Era un paso importante, y lo di. Se vendió en menos de un mes.

Cuando fui a ver al doctor Hanna, le pregunté:

—¿Qué tan pronto me puedo hacer la cirugía? ¿Cuál es el camino más rápido?

Comenzó a decirme que podría demorar demasiados meses obtener la aprobación de mi seguro.

—No —lo interrumpí—. Quiero hacerla ya.

—Si quieres pagar en efectivo, podemos hacerla mañana —dijo—, ¿pero quieres pagar en efectivo?

—Sí, sí quiero. —le contesté.

Al principio pensé que no me había creído, pero lo convencí de que hablaba en serio.

Bueno, resultó que todavía faltaban varias pruebas médicas, lo que retrasó el proceso. El doctor también quería que perdiera antes al menos diez kilos, y que me pusiera a dieta líquida durante una semana. Creo que, entre otras cosas, intentaba asegurarse de que yo estuviera lo suficientemente determinada para hacer lo que tendría que hacer.

La dieta líquida fue una primera prueba infernal. Estaba rodeada de comida —pizza, pan mexicano, tortillas— y no podía tocar nada.

Ayunar fue una nueva experiencia. Sólo podía pensar en toda la deliciosa comida que no estaba consumiendo. Al no poder hacerlo, me obsesioné con la comida. Era como si el helado en el congelador me gritara: «¡Ven, cómeme!». La tentación estaba en todas partes, y ni siquiera podía tomar café. Tenía que ir a la oficina del doctor Hanna cada tres días para que me pesaran y asegurarme de estar bien hidratada. Al final, obtuve su aprobación.

Pero me quedaba otro obstáculo por librar: todavía tenía que decirle a mi familia lo que planeaba hacer. Dos días antes de la fecha programada para la cirugía, le conté a mi mamá que iría al hospital para una operación.

—¡Dios mío! ¿Estás enferma? ¿Qué pasa? —me preguntó.

No entendió de inmediato que me refería a una cirugía bariátrica, pero una vez que lo hizo, estaba lejos de sentirse feliz.

—¿Quién se está burlando de ti? —me preguntó, queriendo saber. Pude ver su mirada protectora de mamá; estaba lista para salir y enfrentar a cualquiera que estuviese haciéndome sufrir.

—No se trata de nadie más —le dije—. Esto se trata de mí.

—¿Por qué? —me preguntó—. ¿Por qué estás tan obsesionada con ser delgada?

—Mamá —le dije—, no quiero vivir así el resto de mi vida. Y no es cuestión de ser delgada. Se trata de no ser tan gorda. Estoy cansada, mamá. Realmente cansada.

—Estás cometiendo un gran error —argumentó.

En todo caso, mi papá se mostró aún menos entusiasmado que mi mamá.

—Estás arriesgando tu vida —dijo—. No creo que sea la decisión correcta.

Mi hermano fue más conciso aún:

—Has hecho algunas locuras en tu vida —me recordó—, pero ésta es la peor.

A pesar de sus preocupaciones, mi maravilloso hermano firmó para estar allí con mi mamá cuando despertara de la cirugía.

Ahora sí: empieza el viaje

Sorprendentemente, estaba sólo un poco nerviosa cuando me presenté en el hospital a las cinco de la mañana. Ni siquiera imaginaba lo que sucedería a continuación. Una vez que terminó la preparación, me llevaron al quirófano y me dijeron que contara hasta diez. Creo que apenas llegué al nueve.

Desperté atontada y ni siquiera estaba segura de que se hubiera realizado la cirugía. No sentía dolor. Cuando miré mi estómago, vi una pequeña incisión. Abrazaba el lindo osito que me dieron y tenía puestos un par de esos calcetines feos, enormes y grises de hospital.

—Definitivamente eres la más loca de esta familia —dijo mi hermano mientras me ayudaba a ponerme en pie—, pero lo hiciste.

Me sostuvo para empezar a dar unos pasos, como estaba indicado.

La recuperación fue una experiencia muy difícil. Tomaba dos sorbos de agua, y me sentía completamente llena. Cuando le mencioné esto al doctor Hanna, dijo:

—Bienvenida al mundo de la cirugía bariátrica.

No creo haberme sentido llena jamás. Toda mi vida consumí grandes cantidades de comida: comía y comía y seguía sintiendo hambre. Esta era la primera vez que me sentía llena.

Siempre recordaré regresar del hospital y caminar a mi casa. Mis hijos me esperaban, y pude ver por las expresiones en sus caras que no entendían exactamente lo que había pasado. Mientras tanto, me preguntaba si llegaría hasta la puerta, y quería asegurarme de no asustarlos cayéndome.

¿Qué podía comer? ¡Casi nada! Estuve en una dieta líquida durante una semana: agua y batidos de proteínas como Bariatric Advantage. Luego pasé a alimentos en puré. Durante al menos un mes viví a base de pequeñas cantidades de alimentos en puré. De hecho, empezó a gustarme la comida blanda y molida, en pequeñas cantidades. Hacía puré de zanahoria, comía tres o cuatro cucharaditas, y me sentía satisfecha. Casi como un bebé que pasa de líquidos a purés y luego a alimentos que tienen más consistencia, tuve que aprender a comer de nuevo. Pronto me di cuenta de que si intentaba comer demasiados carbohidratos o azúcar, comenzaba a marearme un poco. Mi cuerpo seguía advirtiéndome que no comiera en exceso ni probara alimentos incorrectos.

Desarrollar una relación diferente con la comida

No hace falta decir que la comida siempre tuvo un lugar especial en mi corazón, especialmente la mexicana. Me encantaba todo lo que tuviera que ver con la comida: el desayuno, el almuerzo, la cena, los antojitos. En el momento en que estaba comiendo, siempre era feliz. Por supuesto, después de haberme devorado hasta la última migaja de la mesa, me sentía culpable, estúpida y como un fracaso total.

Era la clásica comedora emocional. No sólo comía porque sentía hambre: comía como respuesta a cualquiera de mis emociones. Cada vez que estaba estresada, enojada o frustrada, me dirigía al refrigerador. También comía cuando me sentía sola, y en especial cuando estaba aburrida. La comida era la manera más fácil de apaciguar mis sentimientos; casi una forma de automedicación. Incluso cuando estaba feliz y las cosas marchaban bien, también me recompensaba con comida. ¿Y qué clase de comida era la que más ansiaba? Todo tipo de alimentos reconfortantes: cualquier cosa llena de carbohidratos y grasas encabezaba la lista. Si me sentía emocional acerca de algo en mi vida, respondía atiborrándome.

Después de la cirugía, tuve que desarrollar algunos hábitos nuevos y mejores. La cirugía redujo incluso la cantidad de comida que *era capaz* de comer. Esto cambió no sólo mis hábitos alimenticios sino también mis hábitos sociales. Aunque ciertamente había sido una comedora solitaria, y a veces de medianoche, usaba la comida como una forma de conectar con las personas que me rodeaban, particularmente con mi familia. Cuando nos sentábamos a comer, también nos comunicábamos, compartiendo lo que sucedía en nuestras vidas.

Mi cirugía bariátrica impactó no sólo en la forma en que me relacionaba con la comida, sino también con los demás alrededor de ella. Éste fue un ajuste importante. Cuando cenaba, masticaba lenta y cuidadosamente mis pequeñas porciones; al principio mi familia me miraba como si fuera una especie de criatura alienígena a punto de morir de hambre. Alguien preguntaba: «¿Eso es todo lo que vas a comer? ¿En serio *terminaste*?». Otro intervenía: «¡Necesitas comer más o te vas a enfermar!».

Recuerda que provengo de una familia de gente gorda, y todos disfrutábamos el buen comer. Ésa era la norma. Antes de la cirugía, encajaba bien. Después de la cirugía, tomaba una pequeña porción de ensalada y pollo mientras los demás comían arroz, frijoles, pollo, papas fritas, tamales, pizza, pasta, ensalada y postre. ¡Rayos, comían mucho!

Contemplaba las enormes cantidades de alimentos que consumían y me daba cuenta de que durante la mayor parte de mi vida había estado haciendo lo mismo.

Mi nueva relación con la comida cambió mi actitud hacia muchas cosas que antes disfrutaba. Ir a restaurantes, por ejemplo. Aunque era genial ir y no preocuparme acerca de si rompería el asiento al sentarme, ordenar cuidadosamente y comer sólo pequeñas porciones del menú de aperitivos definitivamente cambió la experiencia. Comer en restaurantes me cohibía, y el postre se volvió mucho menos importante para mí. Parecía que no tenía ningún sentido comer fuera, y cuando lo hacía, por lo general me sentía como una desconocida en territorio desconocido.

Después de la cirugía, la gente me veía de manera diferente. Me había acostumbrado a que observaran mis caderas con asombro y extrañeza, como si estuviera en exhibición. Era horrible, y no podía superar mi incomodidad e infelicidad cuando eso sucedía, que era casi siempre. Pero a medida que perdía más y más peso, comencé a tener más confianza en cómo me miraban. Nadie sonreía maliciosamente ni se burlaba de mis caderas. La gente ahora me miraba a la cara, y a los ojos.

Lo mejor que sucedió es que mi relación con mis hijos cambió. Ahora podía de verdad hacer cosas con ellos, como dar un paseo, y cuando lo hacía, no me quedaba desesperadamente sin aliento, agitada y sonrojada. Tenía más energía que nunca. Podíamos salir juntos a cualquier parte. De hecho, podía levantarme y jugar con ellos.

Muchas actividades cotidianas se volvieron más fáciles. Como por ejemplo entrar y salir de un automóvil, que ya no era una rutina aeróbica. Tampoco sentarme y levantarme del escusado. No tenía que perder tiempo preocupándome por las cosas más sencillas. Podíamos hacer planes para ir al cine sin que me angustiara si cabría en el asiento o, si podría usar el baño público. Por primera vez pude salir con los niños sin llevar a una nana, porque ahora podía seguirles el paso. Incluso podía subir a las atracciones en Disneylandia. En mi vida simplemente había más felicidad y menos dolor.

Por primera vez en años, pude bailar una canción de principio a fin, divertirme y disfrutarla. Empecé a tomar clases de baile; mi pérdida de peso también aumentó el movimiento en la vida de mis hijos porque comenzábamos a ir en familia a clases de zumba. ¡¡¡Y me encantaba!!!

Mi único hermano, quien me dijo que mi cirugía bariátrica me hacía el miembro más loco de la familia, fue el primero en decirme: «Quiero tener la energía que tienes; quiero poder correr detrás de mis hijos». En menos de un año se sometió a la cirugía y, como yo, finalmente perdió noventa kilos. Ahora me encanta verlo moverse y ser feliz.

Poco después, mi hermana Priscilla pasó también por la cirugía. Le siguieron mi mamá, mi hermana Lily y, por último, mi papá. Ver lo que ahora yo podía lograr, y la forma en que mi vida se había transformado con la cirugía, los inspiró a hacer lo mismo. Todos tuvieron resultados exitosos. Ahora todavía comemos juntos, pero estamos de acuerdo en lo que se refiere a porciones y alimentación saludable. Pero todavía disfrutamos de un delicioso café y la pasamos bien.

Todo iba bien, excepto una cosa: estaba perdiendo peso tan rápido que a mis seguidores en las redes sociales les fue imposible no notar que algo dramático sucedía con mi cuerpo. Debí publicar algo e informarles cuando tomé la decisión de someterme a la cirugía bariátrica. Pero recuerden: ¡ni siquiera le había dicho a mi familia hasta dos días antes de ingresar al hospital! No es que me hubiera olvidado o lo quisiera ocultar a mis seguidores, sólo estaba totalmente enfocada en que nada ni nadie me desanimara y en que mantuviera mi compromiso de seguir adelante con esta decisión.

Algo más me hizo dudar. En los días inmediatamente posteriores a mi cirugía, llamé a varios asesores y agentes para compartirles lo que acababa de hacer. Se mostraron más que polarizados acerca de lo que ya había publicado, y de anunciarlo abiertamente en las redes sociales. Me advirtieron sobre reacciones negativas, y me dijeron cosas como: «¡No lo hagas! ¡Arruinarás tu carrera!».

Alexandra Boos, mi agente, fue la única que me aconsejó en sentido opuesto. Me recordó la importancia de ser íntegra y auténtica.

—La verdad siempre gana; siempre tienes que hablar con sinceridad, sin importar las consecuencias —me dijo. Alexandra había sido mi roca, y confiaba en ella por completo.

Al igual que Alexandra, me enorgullezco de ser honesta y sabía que no podía mantener mi cirugía como un secreto, ni quería hacerlo realmente. Nunca hice un anuncio formal, pero pronto comencé a compartir detalles sobre la cirugía bariátrica y mi proceso de recuperación. A pesar de los problemas relacionados con la recuperación, la dieta limitada y acostumbrarme a una nueva forma de comer, me sentía extremadamente feliz. Uno de los mejores resultados, por supuesto, también fue que finalmente podía usar una muestra de talla extragrande 14 o 16, lo que significó que comencé a tener más trabajo. Más trabajo implicó un aumento en mis posibilidades de mantener a mis hijos. Pero muchos de mis seguidores en las redes sociales se mostraron menos entusiasmados.

¿Por qué tantos mensajes de odio?

Incluso antes de mi primera publicación sobre mi recuperación, comencé a recibir mensajes de odio de activistas de la obesidad, así como de hombres y mujeres —ahora exseguidores de mis redes sociales— que

VIVE TU PROPIA VERDAD

supusieron que había tenido una cirugía bariátrica y estaban en lo correcto y extremadamente enojados conmigo por hacerlo. Debo admitir que quedé en *shock* ante su ira. Estaba decidida a perder peso porque quería poder salir y hacer cosas con mis hijos. Quería librarme del dolor en mis caderas y rodillas, y quería estar saludable para que mis hijos y yo tuviéramos una mejor calidad de vida. Y ahora estaba siendo criticada por mis esfuerzos. Me pregunté: ¿por qué te critican Rosie?

Al hablar sobre mi experiencia y publicar fotografías de «antes» y «después», algunos activistas de la obesidad me acusaron de avergonzar a otras mujeres de talla grande. Me recordaron una y otra vez que algunas personas llevan el movimiento de aceptación corporal al extremo, llegando a sugerir que los hombres y las mujeres realmente obesos, al igual que yo, que pesan o pesaban ciento noventa kilos, debían estar tan contentos y ser tan positivos acerca de su peso que nunca deberían querer perderlo. Si pierdes peso, lo ganas o permaneces igual, nadie debería avergonzarte por tu decisión. Tu vida y las decisiones que tomes al respecto son tu elección personal. Tú tienes que definir tu propia felicidad.

Cuando perdí peso, recibí mucho apoyo, pero también muchas reacciones negativas y exageradas. Me llegaban correos de personas que me acusaban de seguir los estándares de belleza de Hollywood, diciéndome cosas como: «¡Te ves como una Barbie plástica!». «Te vendiste» era una acusación común. Otros me insultaron por, según su punto de vista, «tomar la salida fácil al operarme». Algunas mujeres de talla grande expresaron sentimientos de traición. Decían cosas como: «¡Debes haber estado avergonzada de tu cuerpo todo este tiempo!». Un hombre me escribió diciéndome que ya no era hermosa. Me lastimó. Una famosa modelo de talla grande y activista de obesidad me calificó rápidamente de «mentirosa» y «vendida». Les dijo a sus seguidores que no debían apoyar a alguien como yo. Dio a entender que mi mensaje le decía a la gente que ser gordo significaba que también eras infeliz.

Unas de las críticas más fuertes que recibí fue de una mujer que dijo que antes me admiraba, pero que ahora me odiaba. «¿Por qué no saltas de un puente y te suicidas?». Todavía recuerdo mi conmoción cuando leí este mensaje. *¿Qué chin...?* Era una reacción tan extrema, que no pude evitar sentir coraje.

Durante este mismo tiempo tuve que ir a Los Ángeles, y en el aeropuerto, un reportero de TMZ me vio parada en la entrega de equipaje y comenzó a hacerme preguntas sobre mi pérdida de peso y las reacciones de la gente. Me preguntó si extrañaba algo sobre el peso, y básicamente le dije que no pero que estaba agradecida por haber vivido la experiencia de pesar tanto, ya que había aprendido mucho. Cuando preguntó a qué me refería, le respondí: «A ser humilde, a cómo tratar a las personas, a no juzgar nunca a nadie por su apariencia y a ser empático». El artículo apareció en TMZ con el titular: «Perdí ciento ocho kilos... y la gente dijo "Mátate"».

Mi historia se hace viral de nuevo

La entrevista de TMZ, que se volvió viral, cambió toda mi carrera. Honestamente, perdí la noción de cuántas personas querían entrevistarme para hablar sobre mi cirugía y sus repercusiones. Una gran cantidad de revistas importantes, como *People* y *Cosmopolitan*, así como periódicos de Estados Unidos y Europa, publicaron reportajes al respecto. Me sorprendió la cantidad de atención que recibió mi historia. Programas de televisión como *Dr. Phil* y *The Doctors* me dedicaron segmentos, e incluso apareció un reportaje en Univisión.

Pero seguía enfrentándome a reacciones negativas. Algunas personas en redes sociales continuaron acusándome de cosas como de ser adicta a la cirugía plástica, diciendo que también me había hecho un estiramiento facial y que me había operado la nariz. No es cierto: nada de eso es verdad, pero hubo gente que insistía en repetir información inexacta. Las historias falsas sobre la supuesta cirugía plástica me hacían cuestionarme: «¿en verdad me veo operada?». No podía entender por qué tanta gente se enfocaba tanto en encontrarme defectos. Esas respuestas eran molestas, y tuve que trabajar en mí misma para no dejar que me afectaran.

Sentía que necesitaba hacer algo. Mi buen amigo, el fotógrafo Jerry Metellus, me ayudó a poner en orden mis pensamientos y a reunir el valor para hablar, y al final terminé dando a conocer un video corto en respuesta a mis atacantes, incluyendo la persona que me dijo que saltara de un puente y me suicidara. Hacerlo me dio un sentido de empoderamiento.

El pequeño video que publiqué se titulaba: «A esa persona que me dijo que me suicidara después de perder ciento trece kilos». Esto es lo que dije:

Para aquellos que no me conocen, mi nombre es Rosie Mercado. Y soy mamá, hija, amiga y amante de la vida. Recientemente perdí ciento trece kilos y he recibido una abrumadora respuesta de amor y apoyo; sólo palabras amables de todo el mundo, y me siento agradecida por ello. Pero lo positivo trae a veces algo negativo, y quiero tomarme un momento para reconocer un mensaje que realmente se destacó y me hizo pensar; lo recibí directamente, y era: «Busca un puente, salta y mátate». El mensaje decía que buscara un puente para saltar y suicidarme porque perdí peso. Me hiciste reflexionar tanto que quería agradecerte y tomarme el tiempo de invitarte a acompañarme a un hermoso puente, porque me encantan. E invitarte a que observes el mundo desde mi perspectiva, porque la vista desde aquí es hermosa. Pero si eliges quedarte abajo y esperar a verme caer, sólo tengo que decir que la única dirección que sigo es hacia arriba. Estoy agradecida por todo en mi vida. Habiendo dicho esto, gracias. Estoy despegando. Y el único camino es hacia arriba.

Hacer y publicar este video fue un paso muy importante para mi salud psicológica y bienestar. Cuando recibía comentarios negativos sobre mi pérdida de peso me recordaban todas las veces que fui acosada y no me defendí. Una lección de vida que he aprendido una vez tras otra es que siempre es importante mantenernos firmes y no apartarnos del mundo. Tenía mucha necesidad de hablar sobre quién era y lo que creía.

Vivimos en un mundo extraño en el que los acosadores pueden esconderse detrás de sus computadoras, tabletas y celulares, y publicar todo lo que quieran en las redes sociales, sin importar cuán horrible u odioso sea. Para mí era importante declarar claramente mi opinión: hay demasiado odio en el mundo, y yo no quería contribuir a ello.

Un problema práctico

Perdí peso y mi cuerpo se transformaba, pero cuando me miraba al espejo desnuda, no estaba precisamente emocionada. Me di cuenta de que tendría que hacer algo con toda la piel flácida. Me veía horrible. Tenía kilos y kilos de piel extra. No quería que quienes me miraran se percataran de inmediato de los pliegues de piel que colgaban de todo mi cuerpo. Representaban una seria dificultad para alguien que intentaba ganarse la vida como modelo, incluso como modelo de talla grande. Antes de vestirme y salir por la puerta para ir a cualquier lado, tenía que ponerme una faja para comprimir la piel suelta. Pero la faja también me causaba diferentes problemas, como erupciones e irritación en partes donde se concentraba la humedad. Estaba agradecida por haber perdido peso, pero no había forma de evitar mi nuevo problema. Mi mensaje siempre ha sido «Ama tu cuerpo, sin importar cómo te veas». Pero ante tanta piel colgante, a veces me resultaba difícil mantener esa idea. Una vez que comencé a padecer de erupciones, mi cuerpo irritado me asqueaba. La piel colgante también puede producir olores desagradables. Con tal de evitar esto, llegué a sentir que pasaba gran parte de mi día en la ducha.

Aproximadamente un año y medio después de la cirugía bariátrica, tuve otra cirugía, ahora para eliminar la piel. En esta ocasión fui a México con el doctor Carlos Buenrostro, otro médico que es un ángel de la guarda, quien me advirtió por anticipado que no sería un procedimiento fácil. Cuando tuve mi primera consulta con él, destacó dos puntos. El primero, que sería un procedimiento doloroso; el segundo, que me relajara porque estaba en buenas manos. Ambos fueron ciertos.

No estaba acostumbrada a mostrarle a nadie mi cuerpo desnudo, y sinceramente me preocupaba que la primera revisión me hiciera sentir increíblemente incómoda. Siempre reconozco a quien no es dado a juzgar y el doctor Buenrostro, un médico muy amable, me pudo examinar sin hacerme sentir mal de ninguna manera por mi aspecto. Mientras me escuchaba describir todos mis problemas, me trasmitía paz. Era muy personal. Explicó que este no sería un proceso de un día para otro; tomaría tiempo, esfuerzo y trabajo, pero lo superaríamos juntos.

El día de mi cirugía llegué al hospital por la mañana sin nada de maquillaje, y una de las primeras cosas que hicieron fue usar un marcador para delinear partes de mi cuerpo, de cadera a cadera. Estuve en el quirófano durante seis horas, fue posible remover parte de la piel sobrante y completaron la abdominoplastia. Cuando terminaron, habían eliminado más de nueve kilos de piel. Al observar mi cuerpo después de la cirugía, el doctor Buenrostro parecía realmente entusiasta y tan emocionado como yo con mi transformación.

Cuando desperté, sentía tanto dolor que no podía hablar, incluso respirar era doloroso. Si tenía que toser, el dolor era insoportable. Me dijeron que debía levantarme y caminar para evitar coágulos sanguíneos. Todavía recuerdo haber intentado pararme y descubrir que no tenía absolutamente ninguna fuerza en la parte superior del cuerpo. Cuando miré hacia abajo, pude ver mis calcetines feos de hospital, y luego todo se volvió gris y me desmayé. Escuché a alguien gritar «¡Agárrenla!» mientras caía.

Un par de días después, cuando por fin pude levantarme y mirar hacia abajo, me sorprendí. Por primera vez en mi vida, podía ver mi área púbica. No podía reír por el dolor en los músculos de mi estómago, pero quería hacerlo.

—¿Adivine qué? —le dije a mi doctor—. ¡Puedo ver mi vulva!

Se rió.

Aún soy de talla grande

Ahora que todo está dicho y hecho, me veo más pequeña que cuando comencé mi viaje, pero todavía soy una mujer latina con curvas y caderas grandes. Algunas personas que supieron de mi pérdida de peso asumieron automáticamente que trataba de «enflacar» recurriendo a una salida «fácil». Ése no era mi objetivo: intentaba mejorar mi salud. Créame, todo por lo que pasé no fue una «salida fácil». Fue difícil y atemorizante y sentí que arriesgaba mi vida. Pero quería dejar de preocuparme acerca de que si mis hijos se quedarían sin su mamá, o si se verían afectados por una mamá tan gorda que terminarían cuidándola, tal vez incluso teniendo que levantarla para que entrara y saliera de la cama. Era un pensamiento aterrador.

La cirugía bariátrica fue una gran herramienta para comenzar mi pérdida de peso, pero sigue siendo un largo viaje lleno de dedicación y trabajo continuo. Nada ha sido fácil en este proceso. Todavía necesito comer con cuidado y hacer ejercicio constantemente para asegurarme de no recuperar los kilos perdidos. Lo bueno es que ahora puedo hacerlo. En mi momento de mayor peso, me era casi imposible hacer muchos de los ejercicios. Con ciento ochenta kilos, por ejemplo, me resultaba prácticamente imposible hacer cualquier salto. Ahora, cuando mi horario de trabajo no me da tiempo para ir al gimnasio, tengo un entrenador que viene a la casa y hace ejercicio conmigo, y también con mis hijos.

Vigilar mi peso

Siempre tendré una tendencia a aumentar de peso, y nunca poseeré el tipo de metabolismo que me permita comer lo que quiera. Siempre tendré que cuidarme. Actualmente, entreno intensamente cuatro días a la semana con levantamiento de pesas e intervalos. Los otros tres días son de zumba, zumba, zumba, que me encanta, algo que no podía hacer cuando estaba en mi peor momento de sobrepeso.

Si estoy estresada, o algo va mal en mi vida, tengo que recordar mi problema con la ingesta emocional. Tengo mucho cuidado de evitar que el refrigerador sea mi primera opción para un consuelo instantáneo. Cuando fui por primera vez a varios programas de televisión estaba un tanto nerviosa por mi nuevo papel. Quería hacer un buen trabajo, y poder ayudar a las personas. Siempre hay bocadillos como papas fritas y salsa detrás del escenario, y debía tener cuidado de no abusar de ellos. Una vez más, mis ansiedades me llevaron directamente a la comida. Cuando lo hice, rápidamente aumenté algunos kilos. Fue un recordatorio de que nunca podría darle la espalda a todo el trabajo que había hecho para alcanzar mi peso actual.

El comer emocional es una lucha para muchos de nosotros. No sólo comemos cuando estamos tristes o insatisfechos, también cuando sentimos ganas de celebrar. Conozco a personas —supongo que nos pasa a todos— que parecen capaces de comer grandes cantidades de todo tipo de alimentos, desde dulces hasta refrescos, sin ganar ni medio kilo. No soy una de ellas, y nunca lo seré. Un hecho de mi vida es que nunca más podré recurrir a una alimentación adictiva para calmar mi ánimo.

Quién soy y qué he aprendido

La vergüenza corporal toma muchas formas. Cuando pesaba ciento noventa kilos, regularmente me avergonzaban personas que me decían cosas desagradables y ofensivas por estar demasiado gorda. Cuando me operé y perdí peso, me dijeron otro tipo de cosas desagradables y ofensivas. Era como si nunca fuera suficientemente aceptable y siempre hubiera personas que quisieran hablar mierd*. Aprendí que hay hombres y mujeres que siempre esperan encontrar fallas. He aprendido que esto es un reflejo de cómo se sienten acerca de sí mismos. A no ser que puedan cambiar su perspectiva, es posible que nunca encuentren la felicidad. Definitivamente sé que no puedo hacer de su historia la mía.

Mi cuerpo nunca será perfecto. Aunque mi cintura es pequeña, mis caderas y mi trasero todavía son muy grandes. Mis muslos también son gruesos, y uso una talla pequeña de sostén. En resumen, soy muy desproporcionada, y todavía tengo celulitis. Debido a mi tipo de cuerpo, hay personas que siempre me mirarán y me llamarán «gorda». Pero es mi cuerpo, y estoy feliz de poder caminar, bailar y hacer ejercicio. Aceptar y amar mi cuerpo ha sido un proceso y una experiencia de aprendizaje. Cuando estaba en mi mayor sobrepeso y comía regularmente todo lo que veía, además de aceptar relaciones tóxicas, ahora me doy cuenta de que me castigaba a mí misma. Yo misma era mi peor enemiga. Solía hacer dietas rápidas con la esperanza de alcanzar cierta talla o peso específico. Ahora sé que lo que importa es mantener un estilo de vida saludable para mantener mi peso. Lo que importa es mi bienestar mental y cómo me siento acerca de mí misma. Eso es lo que realmente cuenta.

Afirmo: Soy una auténtica «belleza», perfectamente imperfecta.

Vive tu propia verdad

Todos y cada uno de nosotros somos diferentes. Somos únicos. Cada uno de nosotros somos ejemplos de la creación de Dios. Nunca deberíamos criticarnos, ni a nadie, por la cantidad de kilos que cargamos o, si es el caso, por la ropa que usamos. Nuestros pensamientos, sentimientos, emociones y objetivos son parte esencial de quienes somos y lo que vemos cuando nos subimos a una báscula, o cuando nos miramos al espejo, no nos definen. Lo verdaderamente importante en esta vida es ser auténtico y aprender a vivir nuestra propia verdad.

Wayne Dyer lo dijo mejor, así que voy a citarlo:

> *La lección esencial que aprendí en la vida es simplemente ser tú mismo. Atesora el magnífico ser que eres y reconoce ante todo que no estás aquí sólo como ser humano. Eres un ser espiritual que tiene una experiencia humana.*

En mi vida, tuve que aferrarme a mi espíritu auténtico y aprender a no prestar atención a las críticas ni a los insultos. Yo soy quien soy. ¡Y tú también! NO hay error en quien tú eres.

CAPÍTULO 11

Siente y actúa desde el corazón

ME CRIÉ COMO CATÓLICA Y APRENDÍ ORACIONES
estructuradas, como El Padre Nuestro, pero a medida que crecía, comencé a asistir a otras iglesias y a ampliar mi idea de lo que significa orar y hablar con Dios. Empecé a incorporar la oración en mi vida diaria y a considerarla más bien como una conversación continua con Dios, que escucha y es consciente de todo lo que decimos, hacemos y pensamos.

Después de que cada una de mis relaciones se desmoronaran y cuando me enfermé, muchas de mis oraciones eran del tipo: «Dios, ¿cómo permitiste que esto me pasara a mí?», y «¿Por qué no me estás ayudando?». Entonces, cuando mi actitud y mi salud comenzaron a mejorar, me fui dando cuenta de todas las formas en que Dios me había ayudado. Se me abrieron puertas constantemente: encontré médicos y tratamientos; encontré información, así como inspiración. Comencé a ver que Dios aparecía para ayudarme de mil maneras. Recuerdo una historia sobre un hombre que vivía en un pueblo costero que sufrió una gran tormenta e inundaciones. Se subió a su techo y esperó a que Dios acudiera a salvarlo. El departamento de bomberos apareció para ayudarlo, llegaron personas con botes de varios tamaños, incluso se acercó un helicóptero. A todos los hombre les decía:

—No pasa nada. Estoy esperando a que Dios venga a rescatarme.

El hombre finalmente fue arrastrado por las aguas, y después de morir y llegar a las puertas del Cielo, enfrentó a Dios.

—¿Qué pasó? —preguntó—. Oré y esperé a que me salvaras.

—¿Qué pasó? —respondió Dios, incrédulo ante el hombre—. Envié al departamento de bomberos, envié todos esos botes, incluso envié un helicóptero. ¿Por qué no te aferraste a algo?

En mi propia vida, sé que se me ha enviado una gran cantidad de ayuda, y me gusta pensar que he podido aceptar la ayuda que se me ha ofrecido.

Descansar en mi fe

Todos estamos en un viaje espiritual, un sendero que idealmente nos ayudará a aprender más acerca de nosotros mismos, nuestra fe y las conexiones espirituales que nos unen unos a otros, al universo y a Dios. Agradezco haber nacido en una familia de fe. Desde niña, siempre supe que mis papás estaban despiertos antes del amanecer, orando juntos por el bienestar de la familia. Es una sensación maravillosa saber que tu mamá y tu papá oran por ti todos los días. Era profundamente consciente de la relación de mi abuelita Mercedes (la mamá de mi mamá) con Dios, pero ella no insistía en que sus nietos, o cualquier otra persona, compartieran sus creencias. Ella era absolutamente tolerante y no tenía prejuicios: estaba entregada a la fe y la oración. Siempre la consideré un ejemplo a seguir espiritualmente.

Quien visitara a mi abuelita María de California (la mamá de mi papá) era también consciente de su fe, por sus palabras, como por la gran cantidad de velas santas que tenía en su hogar. Estaba lejos de ser tradicional en sus prácticas espirituales, pero como creyente, siempre hacía lo que resonaba con su vibración personal. Un eterno espíritu libre, mi abuelita María estaba abierta a practicar nuevas formas de incluir la espiritualidad en su vida. Me mostró cómo usar incienso y poner aceite en las velas; me dijo: «Tienes que hacer de todo hasta que sientas la energía y te sientas centrada y conectada». También me enseñó a proteger con salvia mi casa y a elevar mi oración a Dios. Ni mis papás ni mis abuelitas me impusieron sus creencias, tampoco me obligaron a seguir su ejemplo. Asistí a una escuela católica, dirigida por un sacerdote cuya perspectiva exterior hacia la vida parecía muy alejada de las enseñanzas sobre el amor y la paciencia, y siempre sentí que la escuela misma hacía poco para alimentar mi relación con Dios. Sin embargo, algo de la gran fe de mis papás y mis abuelitas debe haberse filtrado en mi ser, de modo que cuando estaba preocupada por algo, casi como un instinto, pronunciaba una oración pidiendo ayuda y guía. Cuando el papá de mi hija me dejó, recuerdo que caí de rodillas rogando a Dios que hiciera algo, cualquier cosa, para aliviar mi inmenso dolor y ansiedad.

El descubrimiento de que quería una conexión más profunda y significativa con Dios ocurrió cuando luchaba por recuperarme del quiste cerebral del que hablé en el Capítulo 1. Fue entonces cuando comencé a reflexionar sobre el poder de la fe y la oración a diario. Me di cuenta de que quería incorporar la fe a mi vida diaria.

Cuando pedimos ayuda de Dios, sinceramente creo que nos envía personas y situaciones que nos ayudan a avanzar en la dirección en que debemos seguir. Todo lo que tenemos que hacer es prestar atención y responder genuinamente desde el corazón. Una de las personas más persistentes en ayudarme a mantener un camino espiritual es mi agente, Alexandra Boos, quien tiene lo que llama «un modelo de negocio basada en la oración», lo que significa que trata de integrar la oración y la fe en todo su trabajo.

Poco después de conocernos, Alexandra y yo nos convertimos en compañeras de oración. Cuando comenzábamos, estaba en mi viaje de pérdida de peso, y ése fue el enfoque de muchas de mis oraciones personales. Ahora, intentamos orar juntas todos los días por todas las áreas de nuestras vidas. Estamos comprometidas con esto. Antes de tomar cualquier decisión, oro sola, y también con Alexandra. Le pido a Dios que me guíe y me muestre lo que debo hacer. Le pido discernimiento y le pido a Dios que nos utilice a mí y a mi vida para ayudar a los demás. Si necesito ayuda en un área particular de mi vida, lo pongo por escrito y pido a Dios que me ayude a encontrar respuestas, que abra puertas y me dé señales de que estoy haciendo lo correcto. La fe es una parte esencial de mi vida, y una de mis frases favoritas es: «La fe mueve montañas. La duda las crea».

En cualquier cosa que haga, pido la participación y guía de Dios. Uno de mis pasajes bíblicos favoritos es Mateo 7:7-8 (NVI); lo leo y repito a diario y dice:

> *Pidan, y se les dará; busquen, y encontrarán; llamen, y se les abrirá. Porque todo el que pide, recibe; el que busca, encuentra; y al que llama, se le abre.*

De verdad creo que, si oramos a Dios con fe, encontraremos respuestas, soluciones, e incluso resultados milagrosos.

Mediante la oración, he podido entregar cada vez más mi vida a Dios. «¡Jesús, toma el control!». Solía sufrir ansiedad y ataques de pánico. Pero entregar mis problemas a Dios en verdad me ha ayudado a deshacerme de gran parte de mi ansiedad. Confío en que Dios me ayudará a superar cualquier cosa que ocurra. Él se ha mostrado en mi vida de muchas maneras hermosas. No puedo verlo físicamente, pero siento su presencia. Este enfoque me resulta significativamente más efectivo que tomar medicamentos contra la ansiedad. Todos somos diferentes, pero esto es lo que me ha funcionado.

Desarrollar una relación más fuerte con Dios también me ha ayudado a comprender que hay una intención más profunda en todos nuestros desafíos y problemas: prácticamente en todo por lo que pasamos. Descansar en mi fe puede ser complejo, pero hacerlo me ha ayudado a confiar en Su poder. Siempre hay una razón para todas nuestras luchas. Cada «no» que recibimos en vida es una prueba. Reafirmar esta creencia me ha enseñado a entregarme, a dejar soltar y a confiar en Dios. Esto no siempre me resulta fácil. Tiendo a ser una persona obstinada que quiere lo que quiere cuando lo quiere. Pero a veces, cuando no obtienes respuestas o resultados, lo único que puedes hacer es esperar pacientemente. Pero cuando tocas la puerta con fe, atraes oportunidades en tu vida y puedes materializar mejor tus sueños. La clave es tener fe y entregarse. En el momento preciso, tendrás lo que es tuyo.

Hay un propósito en mi vida; en las vidas de todos nosotros. Mientras siga respirando, estoy segura de que hay algo que se espera que haga aquí en la Tierra. Ése es el camino que quiero recorrer. En los últimos años, mis hijos y yo comenzamos a ir a la iglesia regularmente. Hacer esto me da un sentido de paz, de conexión espiritual y crecimiento.

Quiero que Bella, Valentino y Alex tengan una fe fuerte que los sostenga cuando enfrenten dificultades en sus propias vidas.

Dicho esto, también creo que siempre debemos hacer todo lo que esté a nuestro alcance en un nivel práctico, partiendo de la inspiración, para ayudarnos a seguir en la dirección en que queramos ir. No puedes mirar un fregadero lleno de platos sucios y esperar que se laven por sí solos. Por más que ruegues el favor y la gracia de Dios, tienes que hacer lo posible y dejarle a Dios lo imposible, es decir: tienes que hacer el trabajo que te corresponde.

Aprender a meditar: un accidente deliberado

A medida que mi creencia y mi sentido de conexión espiritual han crecido, me he vuelto más consciente de otras formas de fortalecer mi vida espiritual. Aunque estoy convencida de que en la vida nada ocurre por accidente, mi acercamiento a la meditación se produjo por medio de lo que sólo podrían describir las palabras «accidente deliberado». Conducía sola por Las Vegas, cuando los símbolos de un templo budista llamaron mi atención. Cuando voy manejando, generalmente tengo prisa. Pero ese día tenía un poco de tiempo extra, así que cuando vi el templo, me estacioné y salí para mirarlo más de cerca. En un costado del edificio vi a un monje de unos cincuenta años, vestido con una túnica color azafrán. Estaba haciendo jardinería. Me armé de valor para acercarme a él.

—¿Puedo ayudarla? —preguntó. Inmediatamente me percaté de que parecía muy amable y amigable.

—Sí —respondí—. Estoy interesada en conocer lo que enseñan aquí.

Sugirió que fuésemos al templo, y me sentí completamente cómoda haciéndolo. Una vez dentro, preguntó:

—¿Alguna vez ha meditado?

—No.

—¿Le gustaría aprender?

Asentí, y comenzó a hablarme sobre la importancia de «estar presente» en la vida.

No me sentía precisamente segura acerca de lo que quería decir con «estar presente». Me explicó tranquilamente sobre la meditación y aprender a disfrutar del presente.

—Respiremos —dijo mientras comenzaba a guiarme en mi primera meditación.

Sentada con el amable monje, también recibí una breve lección de canto. Este fue en gran medida un momento de decir «sí» en mi vida. El canto que me enseñó es un «Mantra de Tara Verde»; el monje me dijo que a quien lo canta le ayuda a superar los bloqueos físicos, emocionales, mentales y en las relaciones. La figura de Tara Verde se invoca para recibir auxilio. El único requisito es que el cantor no se aferre a ningún resultado; cuanto más desapegados y desprendidos podamos ser, más feliz será el resultado. Este es el mantra:

OM TARE TUTTARE TURE SOHA OM

Invoco el sonido universal Tare: Y a la Tara Verde
Tuttare: Para traer la liberación del sufrimiento y el engaño
Ture: Allanar el camino para la compasión y la Iluminación
Soha: Ofrezco esta oración a la Tara Verde.

Ése fue mi primer canto. Mientras el monje lo explicaba, me pregunté cómo sabía lo que necesitaba mi corazón. Al escucharlo hablar, me sentí totalmente guiada. Cuando salí del templo, me sentía en paz. Me emocionaba aprender más sobre la meditación, y también me interesaba averiguar si otras religiones podían ayudarme a encontrar respuestas para mi vida. Tenía tantas preguntas: ¿Por qué seguía comiendo en exceso si eso conllevaba aumentar de peso? ¿Por qué habían fracasado mis relaciones amorosas? ¿Estaba eligiendo a los hombres equivocados? ¿Por qué los atraía? ¿Por qué estaba tan ansiosa y qué podía hacer al respecto?

Nunca volví al templo. Entre mi trabajo y mis hijos, realmente no tenía tiempo. Por otra parte, no era budista, y mi visita al templo fue una curiosidad. Nací católica, y por absurdo que parezca, en ese momento honestamente también me cuestioné si mi visita al templo budista había ofendido de alguna manera a Dios. A medida que he crecido espiritualmente, me he dado cuenta de que la meditación ayudó a centrarme. Me retiré de mi encuentro con el monje pensando que si la meditación podía ayudarme a calmarme, entonces estaba completamente dispuesta a practicarla. Comencé a meditar todas las mañanas por diez minutos como una forma de empezar mi día.

Alimentar mi espíritu en formas menos tradicionales

Cuando decidí tomar mi primer seminario con Tony Robbins, no sé qué esperaba lograr. Caminaba hacia lo desconocido abriendo una nueva puerta, esperando encontrar algo nuevo y mejor de lo que tenía antes. Había leído a autores como Deepak Chopra, Wayne Dyer e Iyanla Vanzant durante años, y fueron extraordinariamente importantes para ayudarme a encontrar un camino más espiritual y significativo. Pero en general había evitado a Tony Robbins. Era un acto obvio de rebeldía contra mi papá, que me había hablado de él durante tantos años que la mera mención de su nombre me molestaba. Desde que tengo recuerdo, mi papá me había presionado para que leyera sus libros y escuchara sus seminarios. Mi papá, que creía firmemente que Tony Robbins sabía más que nadie sobre cómo vivir una vida exitosa, también seguía pidiéndome que asistiera a un seminario. Más que escéptica y renuente, arrastrando los pies acudí a un seminario llamado «Desata el poder interior», principalmente para complacer a mi papá. Se celebró en el Centro de Convenciones de Los Ángeles, y mi hija Bella, de once años en ese momento, fue conmigo.

Esperaba que Robbins me aburriera y fastidiara, pero eso no fue lo que pasó. Fue un evento increíble de cuatro días. Reí, lloré, bailé y caminé sobre brasas ardientes. Mi hija estuvo allí conmigo. Nuestros días comenzaban temprano por la mañana y a veces no terminaban hasta las dos de la mañana. Había muchas personas con muy diferentes razones para estar allí. Creo que todos los participantes queríamos crear alguna forma de cambio serio y perdurable en nuestras vidas. Todos teníamos barreras que queríamos superar; todos teníamos metas que queríamos alcanzar. Las personas estaban enfocadas en todo, desde recuperar la salud y perder peso, hasta mejorar sus relaciones, encontrar trabajo, iniciar negocios y ganar más dinero. En mi caso, creo que compartir ese tiempo con mi hija nos proporcionó una verdadera experiencia de unión.

La gente describe las experiencias máximas en su vida. Ésta realmente lo fue. Salí de ahí apasionada, así como con mayor claridad acerca de quién era y hacia dónde quería ir. El evento me dio una idea más clara de mis objetivos, y un plan para llegar allí. Me enseñó que no basta con simplemente aparecerse: hay que presentarse con un mensaje, y, como dice Tony Robbins: «tomar acción masiva».

Fijarse metas poderosas: cómo cambiaron mi vida las enseñanzas de Tony Robbins

Recientemente ha habido prensa negativa sobre Robbins, acusándolo de comportamiento inapropiado, y cosas peores. Personalmente nunca experimenté, ni presencié, alguno de estos presuntos comportamientos. Eso no significa que yo, de alguna manera, quiera minimizar las experiencias de personas con recuerdos diferentes. En mi caso, las enseñanzas de Robbins agregaron mucho valor a mi vida, y agradezco haber podido experimentar ese crecimiento en aquel momento. En términos de motivación pura, tiene que ser el orador más inspirador de todos los tiempos. Más adelante, después de mis experiencias iniciales con Tony, también asistiría a la Universidad Robbins.

Salí del seminario «Desata el poder interior» con una visión completamente nueva de lo que quería lograr en la vida. Pero el seminario hizo más que inspirarme: me proporcionó algunas herramientas prácticas y poderosas para ayudarme a redefinir mis objetivos, así como lo que tenía que hacer para alcanzarlos. Enfocarme siempre me ha sido un problema, tiendo a saltar de una cosa a otra sin centrarme en dónde quiero estar y lo que quiero hacer. Robbins enfatizó la importancia de ser claros en lo que queremos lograr. Éste fue un mensaje importante para mí.

Es una pregunta que todas debemos hacernos: ¿Cómo puedo alcanzar mis objetivos si ni siquiera estoy segura de cuáles son?

Tener realmente claro nuestros objetivos nos ayuda a concretarlos. Una de las herramientas más efectivas que Robbins sugirió fue crear un tablero de visión: un *collage* de imágenes variadas, así como líneas de texto que representen lo que es importante para ti o lo que quieres lograr. Tener estas imágenes y palabras frente a ti mantiene tus objetivos claros en mente, de modo que diriges tu energía y acciones para lograrlas de manera constante.

Casi tan pronto llegué a casa, comencé a crear mi tablero de visión. Tony Robbins no es el único conferencista motivacional que sugiere que cada uno de nosotros se beneficiará de tener su propia visión clara, pero fueron sus palabras y energía las que me inspiraron a actuar.

Un tablero de visión personal

Crear tu propio tablero de visión para las metas que deseas alcanzar o la vida que quieres materializar es uno de los primeros pasos que puedes dar, así como una de las cosas más fáciles de hacer. También es una de las más poderosas. Mi tablero de visión me ayuda a mantenerme determinada y enfocada. Si buscas en internet, encontrarás docenas de consejos y sugerencias acerca de qué usar y cómo montar el tuyo. Más importante es reunir el material necesario para ello, es lo que decides poner en él. Cuando construyes un tablero de visión, quieres que represente la vida que deseas llevar, brindándote recordatorios diarios de dónde quieres estar exactamente.

Fui muy cuidadosa al montar un tablero de visión que representara cómo yo quería que fuera mi vida, y lo que deseaba ver a mi alrededor. Cuando creas un tablero de visión, es importante que puedas ver las imágenes en él y visualizar que ya estás ahí.

Estas son algunas de las imágenes que me aseguré de que formaran parte de mi primer tablero de visión:

Quería una casa hermosa, así que puse algunas fotografías de exteriores e interiores de casas que me hacían feliz. (Curiosamente, la que terminé compartiendo con mis papás e hijos se parece mucho a la que imaginé).

Quería ser representada por una agencia de modelos que creyera en mí, así que puse una lista de las principales agencias junto con sus logotipos en una ubicación muy visible en mi tablero.

Quería perder más de cuarenta y cinco kilos, así que coloqué una fotografía de una modelo con un cuerpo de talla 14 y pegué mi cara sobre su cuerpo.

Quería poder correr con mis hijos, así que mostré una fotografía de una mamá feliz corriendo por un parque con sus hijos.

Decididamente quería tener muchas, muchas menos preocupaciones financieras, así que creé una imagen de un cheque a mi nombre por una gran cantidad de dólares y lo fijé en mi tablero. También puse una fotografía mía sujetando un anuncio que decía «¡LIBRE DE DEUDAS!».

Quería viajar, así que pegué impresionantes fotografías de las capitales mundiales a las que quería viajar, como París, Roma y Londres, junto con otro lugares, como Hawái y las Bahamas.

Quería que mis hijos fueran felices, así que puse fotografías de ellos divirtiéndose.

Quería aparecer en la revista *People,* así que agregué una fotografía de la revista. (Ésta fue otra de mis «visiones» que se hizo realidad).

Añadí frases que me parecieron inspiradoras y útiles. Estos son algunos ejemplos:

«Ve con confianza en la dirección de tus sueños. Vive la vida que has imaginado».

«Si no puedes, debes hacerlo. Si debes hacerlo, puedes hacerlo».

También quería recordarme no perder el tiempo persiguiendo fantasías poco realistas, así que puse otra frase que me hablaba directamente: «Si la puerta no se abre, no es tu puerta». Ésta tiene un significado especial, porque me ayuda a mantener un sentido de paz y tranquilidad cuando las cosas no salen como quiero. A veces no obtenemos lo que creemos en el momento en que lo queremos, y en mi vida he descubierto una y otra vez que esto es para bien. En años posteriores he adquirido claridad acerca de por qué no obtuve lo que quería, y en última instancia siempre me siento agradecida.

Puse mi tablero de visión en la pared frente a mi cama para que fuera la primera cosa que viera al despertar.

Mi tablero de visión me es increíblemente útil, y a medida que mi vida progresaba, puse empeño en crear un espacio en el que siempre mantuviera mis metas y aspiraciones en primera plana. Con el tiempo me dejé llevar por mi *tablero* de visión y ahora se parece más bien a una *pared* de visión. Mirarlo es lo último que hago por la noche y lo primero que hago por la mañana, y sigo teniendo una imagen clara e inspiradora de lo que quiero lograr. Cada palabra e imagen que está en mi tablero de visión es importante para mí. A medida que mi vida ha mejorado y cambiado, agrego nuevos pensamientos e imágenes que reflejan mi crecimiento y algunos de mis nuevos objetivos. Quiero tener mi propia línea de ropa y dedicar más tiempo al *life coaching*, de modo que tengo fotografías de líneas de moda exitosas, así como una lista de clientes potenciales y temas para el *life coaching*. También tengo una fotografía de Oprah, una de mis inspiraciones, en *SuperSoul Sunday*, junto a una fotografía mía. Sería todo un sueño aparecer en el programa con Oprah. Siempre sigo actualizando y confiando en mi tablero de visión porque me ayuda a mantenerme emocionada y motivada acerca de adónde voy y cómo evoluciona mi vida.

Fiyi

Mi primer seminario de superación personal fue tan inspirador y cambió tanto mi vida que quería más. Así que me inscribí en la Universidad Robbins, que ofrecía un curso en diferentes áreas de la vida e incluía un seminario más prolongado e intensivo en Fiyi. Permíteme que lo repita: ¡Fiyi! Era un retiro enfocado en el dominio de la vida y la riqueza diseñado para ayudar a los participantes a mejorar la calidad de sus vidas, enfocándose en mejorar tanto la salud como las finanzas. Bueno, ciertamente necesitaba ayuda en ambas áreas. Mis papás pensaron que sería algo bueno para mí (mi papá estaba muy a favor de la idea) y aceptaron cuidar a mis hijos. Todavía no puedo creer que me inscribí, y todavía me alegro de haberlo hecho. Creo que mis experiencias en Fiyi me ayudaron a avivar mi coraje para hacer lo que fuera necesario con tal de mejorar mi salud, y eso significaba controlar mi peso. De no haber realizado ese seminario, no sé si habría podido mantener el enfoque y la determinación para seguir adelante con la cirugía.

Cuando fui a Fiyi, pesaba alrededor de ciento setenta kilos, lo que en sí mismo hacía que viajar fuera un verdadero desafío. Tan sólo llegar fue escalofriante, porque durante la última parte del trayecto viajé en un pequeño avión que iba de isla en isla, con capacidad para ocho personas. Cuando miraba el agua desde mi asiento, no podía evitar pensar que me iba a caer. Ni siquiera puedo empezar a describir cuánto me aterraba.

Fiyi fue asombroso: nadé en cascadas con sólo *shorts* y camiseta. Incluso hice la mayor parte de la subida por un poste de quince metros de altura y luego salté con un cordón de *bungee*. Acercarme a lo más alto de ese poste con mi peso —y ni hablar de mi miedo a las alturas— no fue fácil. A medida que subía más y más, aferrándome con todas mis fuerzas y con las palmas sudorosas, el peso de mi espalda y mis caderas seguía halándome hacia abajo, más que satisfacer mis emociones con la comida se hacía cada vez más difícil. Mi estancia en Fiyi me convenció de manera absoluta de que quería nuevas experiencias más de lo que quería comida. Tenía hambre de vida. Lograr lo que hice en Fiyi me dio un nuevo sentido de libertad, que necesitaba con urgencia, pero al mismo tiempo estaba mezclado con mi conciencia clara de cuánto me estaba inmovilizando mi peso. Esto era algo que no podía ignorar. En Fiyi me enamoré de su gente y su estilo de vida. Esta experiencia me inspiró.

Cuando me estaba recuperando del quiste cerebral, seguí una dieta vegana, pero no continué con ese estilo de vida. Estar en Fiyi, donde había un énfasis tan fuerte en un estilo de vida holístico, me ayudó a abrirme a otras opciones. Comencé a pensar en una forma de hacer ejercicio regularmente, así como encontrar una mejor manera de comer.

Dejé Fiyi sintiéndome una persona nueva, con una mejor visión de mí y de mi futuro.

Una cita con el destino

Mi tercer seminario de superación personal con Robbins tuvo lugar menos de un año después de Fiyi, en Palm Springs, California. Este seminario me ayudó a sanar el dolor que cargaba como resultado de varias relaciones fallidas en mi vida. En mi corazón sabía que al menos parte de mi gran aumento de peso tenía que ver con aferrarme al dolor, y rodearme de grasa fue como un escudo protector contra la vida.

Al pensar en ella, comencé a comprender cuánto había tolerado debido a mi miedo y mi codependencia. Además, empecé a asumir la responsabilidad por todas mis decisiones equivocadas y a reconocer mi responsabilidad, así como mi protagonismo, en la creación de mis problemas. Este seminario me ayudó a darme cuenta de que necesitaba dejar atrás mi pasado y pasar página. Necesitaba dejar de pensar en las personas y las situaciones que me causaban dolor. Necesitaba perdonar el pasado y a quienes me lastimaron. También necesitaba perdonarme a mí misma. Éste era un problema importante en mi vida.

Una de mis experiencias más singulares durante el seminario fue conocer a Guru Singh, uno de los invitados principales. La primera vez que lo vi de pie con sus penetrantes ojos azules, vestido todo de blanco, incluyendo su turbante, irradiaba tanta energía positiva que yo quería subir y abrazarlo: ansiaba muchísimo lo que él transmitía. Más tarde, durante una meditación que él dirigía, se acercó a mí y me pasó las manos sobre la cabeza. Al instante sentí una energía que recorrió todo mi cuerpo, llenándolo de emociones como amor, paz y gratitud. No sabía que era capaz de sentir algo así. Continué persiguiendo esa sensación durante mis propias meditaciones, aunque nunca he vuelto a sentirme así. Pero conocerlo intensificó mi compromiso con meditar a diario. Hacerlo cada mañana me permite aclarar mi mente. Mi energía tiende a ir de un extremo a otro, y la meditación diaria también me ayuda a mantenerme centrada.

Encontrar una senda más espiritual

Todos estamos en busca de paz y felicidad. Para mí, eso significa continuar edificando una relación más fuerte con Dios y el universo. Tengo la bendición de haber recibido mucho apoyo y amor en mi vida, aunque no siempre lo reconocí en su momento. Sin embargo, si dijera que llevo una vida totalmente equilibrada, estaría mintiendo. Realizo una diversidad de trabajos, lo que requiere tiempo y esfuerzo. Frecuentemente tengo que estar en Los Ángeles o en Nueva York, lo que conlleva viajar. Tengo una familia que me quiere en casa con ellos, que es también donde quiero estar. Cuando tienes hijos, siempre necesitan tu tiempo y atención, ya sea para un evento escolar o para cuidarlos durante un resfriado. Tengo toda una variedad de tareas de trabajo diferentes. Me esfuerzo por encargarme de ciertas cosas por mí misma, como hacer ejercicio y preparar mi comida y pasar tiempo meditando y orando. Intento ir a la iglesia con mi familia todos los domingos. Tengo amistades, relaciones laborales y relaciones con otros miembros de la familia que requieren atención amorosa. Tengo poco tiempo libre para hacer todo lo que me gustaría. Yo creo que en la vida siempre estás sacrificando algo. Así es como funcionan las cosas.

En resumen, corro de un lugar a otro y continúo buscando el equilibrio. Sin embargo, lo que me ha funcionado es entender que voluntaria, e incluso felizmente, sacrifico una clase de satisfacción por otra. Estoy agradecida de tener tres hijos maravillosos, hermanos, papás, y un trabajo. Y sí, un nuevo amor ha entrado en mi vida. Mi vida en este momento es de paz y satisfacción.

Siente y responde desde el corazón

¿Has recibido algún mensaje divino hoy? A medida que vamos por la vida, de verdad creo que todos recibimos regularmente guía y consejo sobre lo que podemos hacer para ayudarnos a llegar a donde debemos estar. A veces esa ayuda llega en forma de personas que entran a nuestras vidas para apoyarnos en nuestra toma de decisiones, o para mostrarnos con el ejemplo lo que significa tener un punto de vista más evolucionado espiritualmente. A veces esta ayuda llega cuando menos lo esperamos en algo que estamos leyendo, como un artículo en una revista que hojeamos en el consultorio del médico, y que parece hablarle directamente a nuestro estado mental actual. He encontrado auténtico apoyo y orientación en libros que me han ayudado a edificar mi actitud. Leer la Biblia siempre es una buena manera de descansar en nuestra fe.

Todos recibimos mensajes y guías. Puede ser algo tan simple como el ave que aparece en tu ventana y que te da un atisbo de la creación hermosa de Dios, o la persona parada a tu lado en una fila en algún lugar y que pronuncia ciertas palabras que al instante te recuerdan algo que necesitas hacer. A veces, los mensajes y la orientación que recibimos son mucho más específicos y precisos.

Depende de nosotros asegurarnos de mantener nuestros corazones abiertos y atentos para poder escuchar los mensajes que recibimos. Es nuestro trabajo responder adecuadamente. Es importante prestar atención a los mensajes que Dios nos envía a nuestras vidas. Ignorarlos podría llevarte en la dirección incorrecta, como me ocurrió a mí en el pasado. Cuando decidimos reconocer los mensajes que nos informan sobre la ayuda que está a nuestro alcance a diario, cuando estamos en sintonía y conectados con Dios, comenzamos a ir por el camino al que estamos destinados. Y todo fluye.

CAPÍTULO 12

Hacer algo por ti es hacerlo por los demás

LA MATERNIDAD ES UNA EXPERIENCIA IMPACTANTE.
Nada te prepara para ese momento en que nace tu bebé y lo tienes en tus brazos por primera vez. De repente lo único que importa es intentar mantener saludable y feliz a tu hermoso bebé. Para lograrlo, las mamás le dan prioridad a sus bebés y ponen en pausa su ritmo habitual de vida. Ya no hay el mismo tiempo para acurrucarse a ver la televisión, o leer un libro; ya no hay más largas conversaciones por teléfono con amigos. Las largas y relajantes duchas se convierten en un recuerdo lejano. Y en lo que respecta al sueño ininterrumpido, simplemente olvídalo: es cosa

del pasado. No tenía ni idea de que mi vida podría estar repentina y tan completamente enfocada en un objetivo principal: ¡cuidar bien a mi bebé y no dejar que llore! ¡Nada más importa!

Era una mujer joven recién convertida en mamá y sin pareja cuando nació Bella, mi hija mayor, y no sabía absolutamente nada sobre ser mamá. ¡Nada! Calmar a un bebé, alimentarlo, bañarlo, todo eso era nuevo para mí como mamá primeriza. ¡La idea de cambiar un pañal me daba mucho miedo! ¿Cómo sostengo a mi bebé? ¡¿Y si se me cae?!

Cuando me llevé a la pequeña Bella del hospital a casa, estaba sola porque les había mentido a mis papás, diciendo que su papá regresaría de México en cualquier momento. «Voy a estar bien, no se preocupen», les dije. Así que llegué a casa, deprimida y asustada, con un bebé recién nacido, sin mi pareja y ninguna otra ayuda. A los dos minutos de que mi papá se haya ido, mi bebé comenzó a llorar, y yo junto con ella. Las dos soltábamos llantos desoladores.

¿Qué iba a hacer?

Tendría que descubrirlo, pero fue un proceso lento. Al principio, lloraba todo el tiempo, y cada vez que Bella lloraba, yo lloraba aún más fuerte.

Ciertamente no fue divertido en ese momento, pero no puedo evitar reírme cuando me viene a la mente un recuerdo, un ejemplo de mi falta de experiencia en la maternidad. Bella comenzó a llorar a los pocos minutos de haberla alimentado. Traté de mecerla, de pasearla en su carriola. Sin importar lo que hiciera, ella lloraba. Y, como siempre, me uní a ella y lloramos. Pensé: «¡Dios mío, algo grave le pasa!».

Definitivamente pensé que era una emergencia médica, ¿qué más podría ser?, así que marqué el 911. El equipo del servicio de urgencias fue amable. Uno de los paramédicos, que inmediatamente se dio cuenta de que era totalmente inexperta y que estaba histérica, dijo: «No te preocupes. Estará bien». Levantó a la pequeña Bella y comenzó a hacerla eructar. A diferencia de mí, sabía lo que hacía.

Bella correspondió con tres eructos gigantes. Luego sonrió alegremente. Me sentí como una idiota. También increíblemente asustada e indefensa. Tenía mucho que aprender.

Lo que mejor recuerdo de los primeros dos años de la vida de mi hija es que yo intentaba desesperadamente averiguar cómo ser una buena mamá, y en el proceso me olvidé de mis propias necesidades. Cuando pienso en ese tiempo, aunque me rodeaba de mi familia, a veces parecía que la única relación que importaba era la que tenía con mi hija. Casi todas las mañanas vestía a Bella y la llevaba conmigo a la oficina de mis papás, pasando primero por la cocina de mi mamá para comer su delicioso y abundante desayuno. Era fácil hacer mi trabajo mientras cuidaba a mi hija, rodeada de amor. Siempre me alegro de que Bella haya recibido tanta atención de mis papás y de mi hermano y hermanas, que todavía vivían bajo su techo.

Bella era mi principal fuente de consuelo y felicidad. Iba a todas partes conmigo. La cargaba en mi cadera o a mi lado. La actividad de la semana que más disfrutábamos las dos eran las clases de Arte para mamás e hijas que tomábamos todos los miércoles y viernes. Mi pequeña y hermosa Bella era mucho más talentosa que su mamá: le encantaba observar los colores y decidir cuidadosamente cuáles de ellos usar. Azul, rojo, amarillo, verde. Era muy joven y, sin embargo, ya tenía una comprensión básica de lo que significa mezclar colores y aplicar la pintura. Me encantaba verla detenerse para admirar cada matiz. «Hemoso», decía. «Hemoso» fue una de sus primeras palabras.

Aún la cargaba sobre mi cadera cuando comenzamos a bailar juntas en casa, y, tan pronto dio sus primeros pasos, empezó a bailar sola; Gwen Stefani fue una de sus primeras artistas favoritas. Le encantaba también que le leyera. Como quería que fuera bilingüe, me esforzaba por leerle en español e inglés y le compré clásicos como *Goodnight Moon* y *The Cat in the Hat* en ambos idiomas. Los remedios caseros mexicanos con los que yo crecí no siempre coincidían con los consejos médicos: recuerdo que familiares me recomendaron que le diera té de manzanilla con miel a Bella para los dolores de estómago, pero cuando investigué al respecto, encontré advertencias muy serias acerca de no darles miel a los bebés hasta que cumplieran al menos un año de edad. Más de una vez me enfrenté al dilema de qué hacer cuando las culturas chocaban. Combinar culturas no era siempre tan fácil como podría parecer.

Durante casi tres años, Bella y yo vivimos solas en nuestra casa de tres habitaciones sobre un terreno de casi media hectárea. Me encantaba nuestra casa, e invertí decorando cada cuarto con un estilo diferente para que fuera distinto de los demás. A algunas personas podría resultarles extraño esto, pero para mí era divertido y emocionante decorar cada habitación con una paleta de colores y un estado de ánimo diferentes. Crecí con una mamá que prefería las paredes blancas sin adornos y las alfombras color *beige* o azul marino. Descubrí mi gran gusto por el arte y los colores. Me volvía loca con los colores, las texturas y los diseños. La moderna sala principal, llena de obras de artistas jóvenes locales, tenía un grueso tapete rojo y sofás de color amarillo brillante. El cuarto de entretenimiento, que yo llamaba mi «cuarto de John Lennon», tenía un sofá y una alfombra color negro y obras de arte en blanco y negro, incluyendo una enorme fotografía de John Lennon y Yoko Ono. En el comedor había una mesa *vintage* de cristal extremadamente larga, para catorce personas. Las sillas eran negras, con respaldos muy altos. Ésa era la única parte inmaculada que nadie usaba. Nadie comió en esa mesa, que fue algo bueno, porque yo jamás hubiera podido sentarme en esas sillas.

Cuando era niña, siempre me preguntaba cómo sería tener paredes rosas. En mi casa lo descubrí, y —al menos por un tiempo— me obsesioné con el rosa. Como se pueden imaginar, la habitación de mi hija estaba pintada de un dulce rosa claro, con una pared rosa neón que hacía contraste. El techo era azul cielo con nubes blancas flotando. Su nombre completo, Isabella, estaba escrito con los colores del arcoíris en las paredes sobre su cama. Tenía cortinas blancas —decoradas con corazones rosas— en las ventanas. Toda la decoración la formaban accesorios de Hello Kitty, incluyendo sábanas de Hello Kitty, un reloj de Hello Kitty y cualquier otro complemento de Hello Kitty que pudiera encontrar. Como a mí también me fascinaban el rosa y Hello Kitty, volví sobre el tema en la cocina: más paredes rosadas junto con otro techo azul con nubes flotando sobre superficies de mármol blanco. Me encantaba mi cocina rosa, aunque no la ocupara tanto.

Cuando Bella era bebé, me preocupaba por todo. Debido a que subí mucho de peso durante el embarazo y después de que nació mi hija, estaba constantemente preocupada por volverme diabética y pensé que moriría. Creo que tenía veintidós años cuando obtuve mi primera póliza de seguro de vida para que ella tuviera alguna seguridad.

Valentino

Mi hija Bella tenía seis años cuando nació Valentino. Pesó un kilo, tenía ictericia, era enfermizo e incapaz de comer, por lo que necesitó una sonda de alimentación. Yo era una mamá deprimida, recientemente engañada y traicionada, con mucho dolor físico y en el alma. Valentino tuvo que permanecer en la unidad neonatal hasta que pesó al menos dos kilos, lo que tomó un mes. Había perdido a su gemelo en el embarazo y estaba muy preocupada por perderlo a él también. Me quedaba en el hospital casi todo el día. Mi papá me ayudaba durante varias horas para que pudiera ir a casa a ducharme y tomar una siesta, pero uno de nosotros siempre estaba allí, 24/7. Valentino era tan pequeño que mi papá podía sostenerlo en una mano. Mi papá y Valentino comparten un vínculo muy fuerte e intenso que comenzó en la unidad de cuidados intensivos neonatales.

Decir que mi mamá y mi papá han sido una ayuda extraordinaria con mis hijos es poco. Acompañar a su hija, una mamá soltera, mientras daba a luz a tres hijos sin un esposo o pareja a la vista, ciertamente no es algo que hubieran imaginado. Sus valores familiares, su fuerza emocional y su capacidad de amar no tiene límites.

Cuando Valentino salió del hospital, con una larga lista de instrucciones y cuidados, mis papás insistieron en que Bella y yo nos mudáramos a su amplia casa. Estaba muy agradecida por encontrarme en un entorno protector, donde ser mamá por segunda vez parecía algo más manejable. Si quería bañarme, mis papás estaban allí para mantener los ojos fijados en Valentino el tiempo que hiciera falta. También había tantos recuerdos importantes de mi relación con Anthony que ya no quería estar en mi casa, así que me despedí de la casa que había convertido en mi obra de arte. Con mis papás, nos aseguramos de que Bella tuviera otra habitación hermosa. Esta vez ella decidió cómo quería decorarla: con muchas nubes y arcoíris pintados.

Desde el día en que nació Valentino, hubo tantas complicaciones que la maternidad adquirió un significado completamente nuevo para mí. Tenía que prestar atención a todo. ¿Comía lo suficiente? ¿Orinaba lo suficiente? ¿Su popó era del color adecuado? Era esencial mantenerme en alerta máxima. Pareció estabilizarse cuando cumplió unos tres o cuatro meses de edad, y por un tiempo muy breve pensé que estaría bien. Entonces básicamente dejó de desarrollarse. No tenía fuerza en su cuerpo, y sostenerlo era como cargar una muñeca de trapo. Su cabeza se inclinaba hacia un lado, y no tenía fuerzas suficientes para levantarla por sí solo. A los cinco meses tuvo su primera convulsión: estaba sentado en su silla, y entonces sus ojos giraron hacia atrás y se quedaron en blanco. Fue aterrador ser testigo de ello, y no tenía idea de lo que sucedía. Duró sólo unos treinta segundos, pero fueron los treinta segundos más largos de mi vida. Desde ese momento en adelante, siempre temí otra convulsión. El personal de emergencias me enseñó qué hacer cuando Valentino convulsionara, pero me preocupaba encontrarme fuera de la habitación. ¿Qué pasaría entonces?

Después de la convulsión, Valentino tuvo que ser sometido a todo tipo de pruebas. Fue horrible. Recuerdo claramente la primera vez que le hicieron una resonancia magnética y tuvo que ser sedado. Estaba muy preocupada y estresada.

No hay nada peor que ver a tu hijo sufrir dolor e incomodidad. Luego hubo muchas más pruebas y aún menos respuestas. Cuando tenía unos siete meses, un médico ignorante y grosero, totalmente carente de compasión, me dio un diagnóstico: parálisis cerebral leve y atrofia cerebral. «No espere que sobreviva más allá de cinco años», dijo. Estaba seguro de que Valentino tenía una expectativa de vida mínima y que su desarrollo futuro sería escaso o nulo. Según este médico, lo único que podía hacer era llevar a mi bebé a casa y hacerlo sentir lo más cómodo posible.

Cuando salí de ese consultorio llamé a mis papás, hecha un desastre emocional. Mi papá tuvo una respuesta inmediata: «Empieza a sacar citas» dijo. «Llévalo a diferentes médicos y hospitales. Tiene que haber alguien que pueda ayudar. No puedes rendirte con tu hijo».

«No puedes rendirte con tu hijo»

Tenía presentes las palabras de mi papá cuando comencé a investigar, con frecuencia haciendo largos viajes en automóvil con Valentino a Los Ángeles, San Francisco y cualquier otro lugar donde creyera que podría encontrar ayuda o asesoría. No había soluciones reales, y me di cuenta rápida y sorprendentemente que la medicina tradicional no era la respuesta. Entonces encontramos un tratamiento con las células madre y de la terapia de quelación, y al final decidimos que buscaríamos tratamientos alternativos, los que casi inmediatamente comenzaron a dar algunos resultados positivos. En poco tiempo, Valentino empezó a hacer contacto visual. Era un primer gran logro, así que seguimos adelante.

Mis papás y yo hacíamos todo lo que podíamos por él, incluyendo muchísima fisioterapia. Actualmente lo llevo dos veces por semana, y un terapeuta privado viene a la casa otras tantas más. Todavía es propenso a las infecciones, por lo que tenemos mucho cuidado con todo. Su sangre ha sido analizada y vuelta a analizar muchas veces; una de esas pruebas indicó que es hipoglucémico y alérgico al gluten. Ahora sigue una dieta muy estricta, y nos aseguramos de que coma cada dos horas.

Ver a Valentino desarrollarse ha sido un milagro. Le tomó años de trabajo poder levantar la cabeza por sí mismo, y ni hablemos de moverse. Su habla se retrasó seriamente; no sabía cómo tomar los alimentos y no podía comprender el concepto de agarrar un arito de cereal. Cuando tenía cinco años y fue capaz de señalar algo —un vaso de leche— para comunicarme lo que quería, me puse a llorar. En ese momento vi que todo nuestro trabajo estaba dando fruto. Valentino, que es muy inteligente, trabajó realmente duro para progresar. Él es vivo ejemplo de la determinación. Cuando tenía nueve años, sólo podía moverse arrastrándose. Ahora a sus catorce años asiste a una escuela normal con la ayuda de una andadera. Tiene un plan de estudios especial y todavía necesita a un asistente, pero tiene amigos, vida social y su propio teléfono que, como casi todos los niños de su edad, usa para jugar. Aunque aún tiene un pequeño impedimento del habla, ha recorrido un largo camino. Es increíblemente fuerte y amoroso, un alma muy buena a la que le encanta platicar y comunicarse con los demás. Valentino siempre está trabajando duro, luchando por seguir aprendiendo y mejorar. Su fiel actitud y personalidad han logrado que toda mi familia quiera luchar a su lado.

Alex

Mi maravilloso hijo Alex nació cuando Valentino tenía aproximadamente un año y medio. Se veía saludable, pero también fue prematuro, con un peso de poco más de un kilo al nacer. Debido a mis experiencias con Valentino, estaba preocupada por él, pero comenzó a crecer casi de inmediato, convirtiéndose rápidamente en un bebé saludable e independiente que pronto dormía toda la noche, lo cual era bueno, porque era muy agotador cuidar a Valentino y cargar dos pañaleras; no creo que hubiera podido arreglármelas con un bebé cascarrabias. Todo lo que un bebé debe hacer, lo hacía con entusiasmo y a sus horas. Su actitud hacia la vida fue un regalo de Dios.

Su capacidad para ayudar a su hermano y defenderlo siempre me ha conmovido. Cuando Valentino tenía cinco años, Alex, de tres y medio, fue la persona que le enseñó a gatear de forma lenta pero segura. La imagen de Alex ayudando pacientemente a su hermano a desarrollar habilidades motoras me hace feliz cada vez que pienso en ella. Alex ya es un adolescente empresario. Parece saber intuitivamente cómo hacer que las cosas sucedan. Cuando él y su hermano juegan juntos, es muy evidente que está motivando y enseñando a Valentino. Al igual que yo, Alex tiene un espíritu muy competitivo. A diario veo todas las formas en que ha ayudado a Valentino a avanzar.

Con doce años, Alex es un niño versátil que ama la vida, los videojuegos, la música y el baile. Es bueno en las matemáticas y nació con un espíritu emprendedor. Dale algo para vender —lo que sea— y encontrará en su teléfono la aplicación apropiada, y pronto estará cerrando un trato.

Aprender a apreciar los momentos bellos de la vida

En cada una de nuestras vidas hay momentos encantadores y frágiles que nos recuerdan la belleza de las interacciones humanas. Las relaciones que tienen mis hijos entre sí me han bendecido con muchas de estas preciosas y notables ocasiones. Verlos crecer y aprender me llena de alegría. Pero la mayoría de las mamás probablemente entenderán a lo que me refiero cuando digo que no siempre es fácil encontrar el tiempo para apreciar esos momentos maravillosos. Suceden muchas cosas a diario, todos estamos muy ocupados o estresados. Intentamos encargarnos de las necesidades básicas de alimentación y techo de nuestros hijos. Nos preguntamos: ¿Está lavada la ropa? ¿Todos tienen calcetines limpios y pares? Suena el teléfono; ¿tomamos la llamada? ¿Es algo importante, o sólo otro teleoperador tratando de vendernos paneles solares?

Un desafío que todas enfrentamos es aprender a darnos el tiempo para saborear y estar presentes en los momentos hermosos e importantes de sus vidas. Ésta ha sido una lección difícil de aprender para mí. Al ocurrir algo excepcionalmente bueno en mi vida cotidiana, por lo regular he estado demasiado ocupada, preocupada o estresada para disfrutar plenamente del momento. Tal vez noté que pasaba algo especial, pero realmente no lo asimilé y no saboreé ese instante. No se trata sólo de la maternidad: he hecho esto mismo en diferentes áreas de mi vida. A veces estoy muy enfocada en mi próxima actividad —a dónde voy, y lo que tengo que hacer— en lugar de vivir en el presente. Vivir de esta manera es un gran error, y estoy trabajando en esto todos los días, para disfrutar el día de hoy.

Vivir en el aquí y ahora es algo que podemos aprender de nuestros hijos. Los niños casi siempre están más presentes y centrados en el momento que en los problemas remanentes de ayer, o en lo que harán mañana, o incluso dentro de una hora. Son felices disfrutando el momento, respirando y saboreando lo que hacen. Se enojan, pero pueden olvidar lo que pasó como si nunca hubiera ocurrido. Como adultos, podemos desarrollar la misma clase de estrategia en nuestras vidas. Disfruta lo que sucede mientras está sucediendo. Mira a tu alrededor: nota los olores, los sonidos, las vistas. ¿Quiénes son las personas que forman parte de tu vida? ¿Eres capaz de estar presente para ellos? ¿Eres plenamente consciente de lo que hacen y piensan? ¿Los aprecias y disfrutas por quienes son?

Es importante que todos recordemos saborear los momentos especiales de nuestras vidas. Cuando estos momentos se van, se van para siempre. Podemos proponernos estar más presentes particularmente con nuestros hijos y con las personas que son importantes. Esto, sin lugar a duda, agregará un gran valor a nuestra vida.

La soledad de la mamá soltera

Me separé de los papás de cada uno de mis hijos aún embarazada, y los di a luz sin parejas que sostuvieran mi mano, envidiando todo el tiempo a las otras nuevas mamás que sí tenían a las suyas a su lado. Cada vez que experimentaba la alegría de ser mamá, también me sentía asustada, triste, ansiosa y profundamente sola. Durante muchos años me hice las mismas preguntas: ¿Seré exitosa criando a mis hijos por mi cuenta? ¿Sufrirán la ausencia de sus papás?

Sí, era mamá soltera, pero una mamá soltera que prioriza la familia. Al crecer en una familia muy unida, recuerdo todas las vacaciones y viajes familiares. Tengo algunos recuerdos excepcionalmente maravillosos de ser parte de una familia unida, y quería replicar eso para mis hijos; no puedo evitar sentirme culpable por no haber tenido a su mamá y papá juntos. Ser una mamá soltera con sus hijos es fácil. Sí, había momentos de felicidad, pero también otros en los que no podía evitar sentirme deprimida y sola, además de aislada. Por ejemplo, cuando mi hermano se casó, fui la única que caminó por el pasillo sin una pareja a su lado. En la recepción, casi todos los primos y familiares lejanos decidieron que era el momento perfecto para comenzar la conversación con la misma pregunta: «Entonces: ¿por qué sigues sola?».

Hace un par de años, mis papás, mi hermano y su esposa, mis hermanas, sus maridos y todos los niños hicimos un viaje familiar a Disneylandia. Cada familia llevaba camisetas especiales diseñadas para el viaje. Las de todos los otros niños tenían los nombres de sus dos papás. La pasamos muy bien, pero no podía evitar preguntarme si mis hijos se sentían mal de alguna manera al sólo tener a uno de sus papás en las suyas. Fue un rato alegre, pero había todavía algunos momentos que me recordaban lo que había sido dar a luz sin mi pareja. Soy una mujer fuerte. He descubierto que puedo manejar casi todo en mi vida. Pero han pasado muchas ocasiones en las que me he sentido sola y pensando en cómo sería tener a un hombre fuerte a mi lado compartiendo las alegrías, así como las dificultades y vicisitudes, de la paternidad.

Lo bueno de ser una mamá soltera

¿Que si creo que hay ventajas en ser mamá soltera? Si soy sincera, desde mi experiencia, diría que sí. A veces veo parejas en desacuerdo sobre cómo manejar decisiones de crianza y pienso: «Bueno, al menos nunca tuve que pasar por eso».

También soy muy consciente de la difícil tarea de ser una mujer que intenta encontrar un equilibrio entre hijos, carrera y marido. Sólo tengo admiración por todas las que luchan por alcanzar esto.

Pienso en lo que sucede en mi vida a diario. Frecuentemente tengo que salir corriendo por la puerta para llegar a una audición, y los niños gritan:

«¡Mamá, mamá, mamá, no encuentro mi tarea!»

«¡Mamá, Valentino necesita ayuda!»

«¡Mamá, mi uniforme no está planchado!»

«Mamá, ¿cuándo vas a volver? Necesito que me recojas de la práctica»

«Mamá, ¿puedes escuchar lo que escribí?»

«Mamá, creo que mi teléfono no sirve. ¿Puedes arreglarlo?»

Ciertamente, con el compañero adecuado se compartirían las tareas y el cuidado, y eso sería algo maravilloso. Pero ser mamá soltera es preferible, desde mi punto de vista, a estar casada con alguien abusivo y controlador. Es agradable ser quien toma las decisiones, sin consultar a nadie más para ajustar el termostato, o acerca de cómo dividir las tareas domésticas. ¿Quién saca la basura? ¿Quién prepara el café? Hay un límite para la cantidad de cosas que puedo considerar o debatir. Por mi trabajo como *life coach* y por aparecer en un programa de televisión que abordaba los problemas de la gente, sé que algunas mujeres viven con parejas que de verdad compiten con los niños por la atención. Ésa es una pesadilla a la que no me gustaría enfrentarme.

Dicho eso, debo admitir que, durante todos mis años soltera, siempre albergué en mi corazón la esperanza de tener una relación buena y sólida, parecida a la que comparten mis papás.

Descubrir lo que hace que tus hijos se sientan amados

Todos somos el resultado de complejas influencias genéticas y del entorno. Veo esto en mis hijos, con talentos y enfoques del mundo tan diferentes entre sí. Como mamá, es esencial averiguar que es importante para cada uno de tus hijos y en sus vidas. Uno de mis hijos responde mejor al afecto; otro, a comunicarse y ser escuchado; y otro de mis hijos sólo quiere tiempo de calidad, sin importar cómo lo pasemos.

Tus hijos cambian a medida que pasan por diferentes etapas. Crees que lo tienes todo resuelto, y de pronto tu hijo cambia. La niña que quería estar rodeada de rosa y usar sólo vestidos ahora te informa que odia el rosa y que se pondrá sólo *jeans*. El niño que ansiaba afecto y compañía de repente sólo quiere «espacio» y más tiempo a solas. Mantenerte al día con tus hijos a medida que cambian y crecen es un desafío continuo.

Una parte importante de nuestro trabajo como papás es saber quiénes son nuestros hijos y qué los hace sentir amados. Nos corresponde descubrir el lenguaje de amor individual de cada uno de nuestros hijos. ¿Qué hace que tus hijos se sientan amados? ¿Alguna vez les has preguntado? ¿Alguna vez has preguntado qué puedes hacer tú, como su mamá, para que se sientan más amados? ¿Quieren más tiempo, más afecto, más conversación, más comprensión? ¿Anhelan tu presencia? ¿Quieren que pases más tiempo hablando con ellos sobre las cosas que les son importantes? ¿Quieren que uses las palabras para afirmar y apoyar lo que hacen día a día?

Cuando les pregunté a mis hijos, sus respuestas fueron interesantes y distintas. Todos querían más conversación y tiempo de calidad. Uno de ellos responde mejor al afecto físico; a otro le gusta hablar, hablar y hablar, y se siente más amado cuando escucho, escucho, escucho. Yo sé que de niña ansiaba palabras de amor y apoyo. Mi papá creció en un entorno en el que pocos les decían «Te amo» a sus hijos. Actuó como había aprendido; así que no lo decía, y siempre me faltó escuchar esas palabras de mi modelo paterno. Entendí la importancia de decir esas palabras y, como mamá, ahora les digo constantemente a mis hijos cuánto los amo. También, a medida que se hacía mayor, mi papá fue cambiando por completo. Con mis hijos, a los que yo sé que ama, no tiene problema en decirles: «Te amo».

La autoestima y ser papá o mamá de talla grande

Cuando mis hijos eran pequeños, yo era tan gorda que había muchas cosas que no podía hacer con ellos. Éste fue sin duda el problema más importante que me motivó a perder peso. Quería divertirme con ellos.

Pero había otro factor que no podía ignorar: fui objeto de burlas y acoso cuando era niña debido a mi peso, y todo esto afectó gravemente mi autoestima. No había pensado mucho en cómo mi peso afectaba la autoestima de mis hijos hasta que mi hijo Alex tenía unos siete años. Como todos los días, lo llevaba a la escuela. En el momento en que paramos junto a la acera cerca de la entrada, salió del automóvil. Empecé a salir para acompañarlo, pero me detuvo. «Por favor, mamá», dijo, «no entres conmigo». Resultó que los otros niños se burlaban del tamaño de mis caderas, y eso ocurría cada vez que lo acompañaba a la puerta de su salón de clases.

Conociendo mis problemas de autoestima, siempre me preocupa mucho lo que podría transmitirles a mis hijos. Sé que sienten mi energía. Siempre recuerdo un día en que algunos recuerdos molestos me hicieron llorar. Pensé que ocultaba lo que sentía, pero entonces el pequeño Alex se acercó a mí y usó su mano para secar mis lágrimas. Cuando terminó, me mostró que tenía la mano mojada. ¡Basta de creer que puedes esconder tus emociones de tus hijos!

Me esfuerzo bastante a la hora de abordar los problemas de autoestima con mis hijos, y los aliento a compartir y a resolver las cosas que podrían hacerlos sentir mal consigo mismos. Me esfuerzo bastante para asegurarme de que tengan una gran autoestima, sin importar cuáles sean sus desafíos. No quiero que se cierren; quiero que sean capaces de mantenerse firmes y manejar las críticas. He tratado de enseñarles a dejar de lado las críticas negativas y, en cambio, construir sobre lo positivo.

Mis hijos tienen preocupaciones diversas. Bella tuvo una experiencia mucho mejor en la preparatoria que yo. Fue vicepresidenta de su salón y porrista, y tiene las habilidades sociales necesarias para encajar en cualquier grupo. A diferencia de cómo crecí yo, tiene muchos amigos, y no se esconde. He tratado de asegurarme de que se sienta empoderada y hermosa, pero no puedo evitar identificarme con algunas de las cosas que enfrentará al emprender su propio camino. Cuando todavía era una niña, la recuerdo mirar a Valentino y llorar: «¿Qué le pasa a mi hermano? ¿Qué puedo hacer para ayudarlo?». Acaba de comenzar la universidad y ha decidido que quiere estudiar Psicología con una especialización pediátrica.

Alex siempre ha sido confiado, pero sabe lo que es tener a un acosador atacándolo. Recientemente me contó que otro niño lo llamaba «mexicano gordo». Alex me dijo: «Estoy orgulloso de ser mexicano». Me dijo que le respondió: «Soy mexicano, ¿y cuál es tu problema con mi peso?». Hablando conmigo, dijo: «Yo sé quién soy y que soy, y me hizo feliz haber podido defenderme».

Cuando alguien le dice algo desagradable, sabe cómo responder, contesta: «Esa es tu opinión», y luego sigue con su vida. Deseo que Alex siempre siga valorándose.

Valentino sabe que hace las cosas de manera diferente a los otros niños, y está acostumbrado a que la gente lo mire. Ha aprendido a sonreírles cuando lo hacen. El otro día, un hombre se lo quedó mirando, y Valentino volteó hacia él, sonrió y dijo: «Que tenga un buen día, señor». Sentí tanto orgullo de su capacidad para hacer esto.

Estoy consciente de que mi baja autoestima me llevó a tomar malas decisiones. No hace falta decir que siempre estoy alerta, intentando asegurarme de que mis hijos se sientan seguros de sí mismos. No quiero que cometan errores que puedan atribuirse directamente a la baja autoestima. Todos los días, de todas las maneras posibles, trabajo con ellos para mostrarles que necesitan validarse a sí mismos. Sé que mi falta de autovalidación es la razón por la que busqué la aprobación de los demás, y en el proceso tomé algunas decisiones verdaderamente estúpidas.

Aprender a callarse, prestar atención y escuchar

Mientras mis hijos hagan lo que yo espero, por supuesto que estoy feliz. El problema es que, desde su punto de vista, hacer exactamente lo que quiero puede no hacerlos felices. Tenemos que amar a nuestros hijos por quienes son y por lo que pueden llegar a ser. Puede resultar tentador presionarlos para que sigan los intereses que nosotros decidimos que son mejores para ellos, pero eso quizás no es lo que quieren para ellos mismos. Si esperamos tener mejores relaciones con nuestros hijos, es importante prestar atención a lo que dicen y piensan. Esto es parte del proceso de validarlos. Tenemos que preguntar más sobre sus vidas —lo que hacen, sienten y experimentan— y sermonearlos menos sobre lo que creemos que deberían estar haciendo, sintiendo y experimentando. Los niños saben cuando sus papás están presentes y prestando atención, así que no creas que puedes engañarlos.

Puede ser muy difícil ser niño hoy día: están bajo mucha presión, tanto académica como social. No siempre sabemos ni la mitad de lo que sucede durante esas horas cuando están lejos de nosotros. Y no siempre nos lo dicen. Mis papás nunca supieron todo lo que pasaba en mi vida. Recuerdo que cuando tenía unos nueve o diez años, fui al escritorio de mi maestra para hacerle una pregunta. Ella respondió agarrando mi cola de caballo y halándome por todo el salón hasta mi asiento. Nunca se lo dije a nadie. Pensaba que había hecho algo mal, y me avergonzaba de lo sucedido. Creo que la mayoría de los maestros en la actualidad se dan cuenta de que no pueden reaccionar físicamente, pero todavía dicen cosas hirientes. Los niños están expuestos a todo tipo de experiencias que lastiman sus radiantes espíritus. Como papás, debemos ser detectives expertos y audaces para asegurarnos de saber lo que está sucediendo. Para lograr esto, necesitamos pasar más tiempo escuchándolos hablar sobre sus intereses, miedos y amistades.

Por mucho que descubramos quiénes son nuestros hijos, ellos se están descubriendo a sí mismos. Una gran parte de nuestra responsabilidad como papás implica ayudarlos en su autodescubrimiento para que puedan convertirse en las mejores versiones de sí mismos. Estoy segura de que eso es lo que queremos para ellos.

Ver a tus hijos volverse más independientes es un proceso inquietante

Permitir que tus hijos se vuelvan más independientes puede ser una de las cosas más difíciles de hacer como papás. Mi mamá —sin lugar a duda una de las mamás más amorosas, generosas y protectoras— y yo aún chocamos porque es mucho más feliz cuando estoy en casa, sana y salva, con ella. Yo siento lo mismo con mis hijos. Pero también sé, por mi historia de rebeldía, que a veces, cuando no dejas que tus hijos tomen sus propias decisiones y se separen de forma natural, puedes terminar con un hijo o hija extremadamente rebelde.

Mi hija, por ejemplo, habla sobre la posibilidad de pasar un semestre estudiando en Europa. Me llena el corazón de miedo. Sin embargo, sé que si ella decide hacerlo, es importante que yo sea capaz de apoyarla. Su viaje no es mi viaje. Ella está a punto de convertirse en adulta, y mi papel como mamá está evolucionando. Tengo que dejar de estar encima de ella y decirle qué hacer, aunque, claro, mamá en fin, siempre le doy mi consejo y guía. Pero sé que debo respetar lo que quiere, dejarla vivir su vida, y respaldarla.

Como papás, todos debemos tener presente que nuestros hijos pueden querer llevar vidas diferentes a las nuestras. Pueden terminar con una visión completamente distinta del mundo —y no hablemos de perspectivas políticas—, pero ésa es su elección. Y sí: a veces me molestarán las suyas, pero sé que tendré que respetar sus opiniones y decisiones. Todo lo que puedes intentar hacer es desarrollar relaciones respetuosas con tus hijos para que ellos puedan hablar abiertamente sobre sus preocupaciones. También me doy cuenta de que, independientemente del camino que sigan mis hijos, estaré a su lado, porque a ellos no les pasa nada que no nos pase a nosotros mismos. Sin embargo, deseo que todos mis hijos se conviertan en adultos independientes y amorosos. Nadie descubre lo que es capaz de lograr hasta que empieza a avanzar por su cuenta.

Perdona tus errores

Vivir conmigo como mamá no siempre ha sido fácil para mis hijos. Definitivamente soy demasiado emocional. He estado deprimida, preocupada por el dinero, ansiosa acerca del mañana, e incluso a veces enojada por una variedad de razones.

Cuando me enojo con uno de mis hijos, lo que por supuesto pasa, después me siento abrumada por el remordimiento y la culpa. ¿Por qué no pude ser más paciente? ¿Por qué no pude mostrarme más calmada y comprensiva?

Como papás, a veces necesitamos aprender a no ser tan duros con nosotros mismos. Debemos entender que en realidad no existen los papás perfectos. Criar bien a nuestros hijos conlleva que nuestras intenciones sigan siendo honestas y que hagamos lo mejor que podamos. La buena crianza se trata de una combinación de amor, aceptación y de ser un testigo confiable y fiel de los viajes de nuestros hijos. Nos enseñamos los unos a los otros.

Hacer algo por ti es hacerlo por los demás

Si hubiera un consejo que pudiera dar a los demás, particularmente a las mamás, sería recordarles que cuiden de sí mismas. Es como lo que te dicen en los aviones: primero debes ponerte tú la máscara de oxígeno antes de ayudar a ponérsela a los demás. Muchos de nosotros hemos sido adoctrinados para creer que las personas que se cuidan son egoístas. ¿Quién caraj* creó este mito? No es egoísta hacer algo por ti: es realista y vivificante. Así que no seas tan dura contigo misma. Encuentra tiempo para ti, y no te sientas culpable cuando lo hagas. Prométete que harás espacio en tu agenda para hacer algo que te haga feliz. Alimenta tu interés en una clase de poesía, cerámica o baile. Date tiempo para investigar qué actividades ofrece tu centro comunitario. Ya sea jardinería, tejido, pintura, escultura o cualquier otra cosa, encuentra una actividad que te alegre. No tengas miedo de salir con amigos. Si no puedes pagar una nana, busca a otras buenas mamás con las que puedas pasar tiempo.

No pospongas satisfacer tus necesidades. Muchos papás asumen que podrán ponerse al día y que hacer «mañana» algunas de las cosas que querían. Pero la vida no funciona de esa manera, y puedes adquirir el hábito de posponer todo para «mañana» indefinidamente. Al recordar tus necesidades y cuidarte, te harás más feliz **hoy**. Ser feliz aumenta enormemente la posibilidad de tener hijos felices. La felicidad es contagiosa. Las personas felices hacen que quienes las rodean, incluyendo sus hijos, se sientan más felices también.

El autocuidado no es negociable: no es un lujo, y no es egoísta. Esto es algo que aprendí por las malas, pero no tiene que ser tu caso. Ten en cuenta que si no haces de tu cuidado personal una prioridad, te sentirás agotada y exhausta. Entonces, inevitablemente, comenzarás a quejarte y a albergar resentimiento. Esto creará energía negativa en tu familia, y nadie se sentirá bien. Si no te sientes bien contigo misma, no esperes que otros se sientan o actúen de manera diferente.

Recuerda que no puedes dar lo que no tienes, y no se puede sacar nada de una taza vacía. Así que ayuda a mantener tu taza llena al dar prioridad a tu propia alegría y bienestar. Comparte tus buenos sentimientos con los demás.

CAPÍTULO 13

Deja de buscar el amor

DESPUÉS DE EMPEZAR A MODELAR, UNA MUJER LLAMADA Jasmine y yo nos hicimos amigas en Facebook y de vez en cuando me dejaba comentarios o mensajes positivos. En los últimos años, se dio cuenta por mis publicaciones que viajaba regularmente a Los Ángeles por cuestiones de trabajo.

Me envió un mensaje: «Oye, yo vivo ahí. Deberíamos quedar para cenar».

«Eso suena divertido», respondí.

Originalmente planeábamos reunirnos un miércoles, sólo nosotras dos, pero yo tenía que trabajar hasta tarde, así que le pedí cambiarlo para el viernes y acordé que pasaría por su casa en mi camino de regreso a Las Vegas. El viaje por carretera de Los Ángeles a Las Vegas es de cuatro a seis horas, según el tráfico, pero estoy muy acostumbrada a hacerlo. Así que el viernes, en lugar de intentar buscar algo saludable para comer de camino a casa, cenaría con Jasmine. Me parecía bien.

El viernes por la mañana recibí un mensaje de Jasmine en Facebook. Decía: «Mi hermana y su marido están aquí, y pensé que todos podríamos salir a comer sushi. ¿Está bien? ¿Te importa si mi hermano nos acompaña?».

Buena pregunta. Me había dado cuenta, por varios intercambios en Facebook, que el hermano de Jasmine era Gilberto: ¿recuerdas mi primer novio de cuando era una adolescente? ¿El que llegaba y se sentaba conmigo en el porche bajo el reflector de mis papás, me acariciaba la mano y besaba la mejilla y que me besó por primera vez cuando estaba seguro de que mis papás no estaban mirando? Gilberto, quien se fue diciendo que regresaría, pero que en cambio se casó. ¡*Ese* Gilberto!

¿Me importaba si Gilberto nos acompañaba a cenar? A decir verdad, siempre me había preguntado qué habrá sido de él. ¿Qué le había pasado? ¿Por qué no había tomado el tiempo para terminar nuestra relación personalmente?

Jasmine, su hermana Alejandra y sus respectivos maridos me esperaban cuando llegué, y estuvimos conversando, pero dentro de mí me preguntaba: ¿Dónde está Gilberto? ¿Llegaría tarde, o no aparecería? Probablemente no quiera verme, pensé. Bueno, Gilberto terminó llegando más de veinte minutos tarde. Cuando entró, me dio un abrazo. Juro que cuando me tocó, sentí mariposas en el estómago, tal como cuando era una adolescente. Lo miré y vi cuánto había cambiado. Su cabello negro había empezado a volverse gris, pero todavía era muy guapo, vestido con *jeans* color caqui y un polo negro, y olía muy bien.

—Disculpa —dijo—. ¿Puedo hablar contigo afuera a solas un momento?

Una vez en el patio, me dijo que llegó tarde porque había estado sentado en su automóvil en la entrada; se sentía nervioso por verme y todavía le apenaba lo que había sucedido entre nosotros.

—Antes de ir a cenar —dijo—, quería tener la oportunidad de disculparme por lo que hice hace veinte años. Ya ni te cuento con qué frecuencia he pensado en ti y cuánta culpa sentí por el dolor que pude haberte causado al alejarme así. Lo siento mucho.

Muchas veces en la vida esperamos una disculpa que nunca llega. En el caso de Gilberto, sabía cuánto me había lastimado cuando yo era una adolescente perdidamente enamorada de aquel muchacho alto, atento y sensible. Siempre permaneció en mis pensamientos, no sólo porque me había gustado tanto. Fue el primero en besarme, el primero en engañarme y el primero en romper mi corazón. Sus acciones tuvieron un enorme impacto en mi capacidad de confiar. ¿Cómo podría olvidar todo eso? Pero pude sentir y percibir que Gilberto se disculpó sinceramente. Recordaba y reconocía la experiencia. Dijo «Lo siento», y no pretendió actuar como si nada hubiera pasado. También me contó que se había divorciado, y que en el amor tampoco le había resultado del todo perfecto. Me compartió que había pagado el precio por lo que me había hecho.

Lo miré y le dije cuánto valoraba y apreciaba su disculpa. Yo no lo anticipaba, pero fue un cierre a mi primera herida amorosa, y se sintió bien.

Después de la cena regresamos a casa de su hermana, donde ella sacó fotografías de Gilberto conmigo veinte años atrás. Yo nunca las había visto y de hecho no sabía que existían, pero Gilberto se las había dado a su hermana para que las guardara. Cuando me preparaba para irme, dije que estaba acostumbrada al largo viaje, pero si alguien estaba certificado, probablemente me iría bien tener a alguien que me diese respiración de boca a boca para tener energía adicional en la carretera. Al escuchar esto, Gilberto se acercó y me besó, tal como lo hizo en el porche de mi papá. Una vez más sentí *imuchas mariposas!* Mi corazón se aceleró, y aparecieron pensamientos precipitados: «¡Caraj*, Gilberto me está besando!». Él y yo nos citamos para la semana siguiente, cuando volvería a Los Ángeles. Al principio no estaba segura de hacia dónde se dirigía nuestra relación, pero cuando lo vi por segunda vez, supe en el fondo de mi corazón que teníamos una conexión especial, y mi reacción intuitiva, y casi inmediata, fue: «Gilberto y yo nos vamos a casar».

Gilberto me propuso matrimonio unos meses después, la noche del 23 de diciembre. Una vez más, estábamos en casa de su hermana. Una vez más, me llevó al patio a solas. Era una noche fresca y clara, con un cielo estrellado. Gilberto se arrodilló y me preguntó: «Rosie, ¿quieres casarte conmigo?».

Me ponía muy nerviosa contárselo a mis papás, preocupada de que dijeran algo como: «¿Qué clase de mierd* loca está tramando ahora?». Pero mis papás simplemente asintieron, y mi mamá dijo: «Siempre supe que él era el indicado».

Nos casó el antiguo pastor de mis papás en una sencilla pero elegante ceremonia privada en Las Vegas, con la presencia de nuestras familias. Gilberto grabo en mi anillo de bodas: GILBERTO Y ROSIE CANCIÓN DE SALOMÓN 3:4. La cita de la «Canción de Salomón», o el «Cantar de los Cantares» dice: «Hallé al que ama mi alma». Hoy puedo decir con gran felicidad que después de todo lo que los dos hemos pasado, nos convertimos nuevamente en papás: tenemos un bebé precioso llamado Emiliano, fruto de nuestro amor.

Y así pasé página.

Las dificultades de encontrar el amor

Sí, encontré el amor, pero llegar allí fue un camino largo y difícil. Encontrar una relación saludable y estable es un desafío para cualquiera, sin importar tu talla. Pero ¿es más difícil para las mujeres de talla grande? Ciertamente un gran número de mujeres con curvas dirían que no, porque están en relaciones estables con personas que las aman y aceptan. Pero muchas otras se quejan amargamente por el limitado número de hombres dispuestos a partir rumbo al atardecer con una mujer de talla grande.

A la fecha me percibo como un referente en los problemas particulares que enfrentan las mujeres de talla grande cuando intentan establecer o mantener relaciones amorosas. Sé que siempre quise un matrimonio fuerte y sólido como el que comparten mis papás. Cualquiera que mire mi historial de relaciones se dará cuenta rápidamente que durante muchos años éste fue un objetivo difícil de alcanzar. Sin embargo, el ejemplo de mis papás siempre fue una promesa de salvación. Como había sido testigo de una relación genuinamente buena y comprometida, siempre pude abandonar una relación cuando hubo infidelidad. Sé que las relaciones requieren trabajo, y estoy más que preparada para hacerlo, pero hay tres cosas que no toleraré, las Tres «A»: Adicción, Abuso y Adulterio. No las quiero en mi vida. ¿Quién las querría?

Como mujer de talla grande, también conozco muy bien algunas de las situaciones de abuso emocional e incluso físico que pueden darse. Nunca olvidaré cuando traté de hablar con mi marido de ese entonces, Marcos, sobre la posibilidad de mi sueño de trabajar en la televisión. Él estalló en carcajadas.

—¿Estás loca? —preguntó—. Antes me muero a que tú consigas un trabajo en la televisión.

Todavía recuerdo haberme preguntado: Si me ama, ¿por qué no ama mi cuerpo, y por qué no cree en mí?

Por favor, no me malinterpretes. Hay muchos hombres que aprecian a las mujeres de talla grande. Pero a veces se avergüenzan de admitirlo, y no lo hacen en presencia de otras personas. Aún no cumplía los dieciséis años y ya había conocido a muchachos que se sentían cómodos hablando conmigo sólo cuando nadie más nos veía. Seguí conociendo a hombres así a lo largo de mi vida.

Por ejemplo, conocí a Michael mientras yo trabajaba en Nueva York. Para entonces mi carrera como modelo ya había despegado, y estaba muy feliz de que me invitara a salir porque era interesante y me encantaba platicar con él. Cuando estábamos a solas, era extremadamente cariñoso y atento. Pero tan pronto otras personas se encontraban cerca, su actitud cambiaba. Una hermosa tarde de domingo a mediados de diciembre, lo convencí a que fuéramos a dar un paseo. Siempre tuve el sueño de pasear por la Quinta Avenida de la mano de un hombre, y mirar los aparadores navideños. El día en sí cumplió mis sueños: caía una ligera nevada, las luces de los aparadores de temporada brillaban y estaba con un hombre que me gustaba. Todo lo que tenía que hacer era tomar mi mano, y mi sueño se haría realidad. Pero nunca sucedió. Decidí superar mi timidez natural, y me estiré tentativamente para tocar la suya. Él respondió alejándose, destruyendo mi ilusión. En ese momento, la posibilidad de un romance entre nosotros murió. Sabía que le agradaba a Michael, pero era terriblemente evidente que sólo le agradaba en privado. Cuando estábamos en algún lugar donde posiblemente podrían verlo sus colegas, era una historia diferente. Sentía que se avergonzaba de estar conmigo. Si no fuera de talla grande, me preguntaba, ¿habría correspondido mi mano en público? ¿Acaso no merecía amor, independientemente de mi talla de ropa? Pensar en ese día todavía me molesta.

Apreciar a los hombres a los que les gustan las mujeres con curvas

A algunos hombres les gustan las mujeres asiáticas. Algunos prefieren a las latinas. Algunos eligen mujeres afroamericanas. Algunos se sienten automáticamente atraídos a las rubias de ojos azules; otros a mujeres bajitas de cabello obscuro. Pero ¿por qué se etiqueta a un hombre que elige a una mujer de talla grande? Uno de los términos que hoy en día escuchamos con más frecuencia para estos hombres es «cazagordas».

Llamar «cazagordas» a un hombre casi hace que parezca que tiene un problema. Las mujeres que prefieren hombres más gorditos a veces también son llamadas «cazagordos», pero es menos probable que se les avergüence por ello. Pero se trate de un hombre o una mujer, es una etiqueta innecesaria y superficial que no nos dice nada acerca de las interacciones sutiles y hermosas que tienen lugar en cualquier relación amorosa sin importar si una de las personas sea gorda o no.

Personalmente, me alegra ver que los hombres a los que les gustan las mujeres con curvas están empezando «a salir del clóset» en cuanto a sus preferencias. Pero no puedo evitar ser consciente de que son tratados de forma lamentable. Con frecuencia se los estigmatiza y a veces incluso son marginados. Por ejemplo: sus amigos se burlan de ellos diciendo cosas como: «¿Qué caraj* te pasa? ¿Te gustan las gordas?». Escuché ese tipo de expresiones cuando estaba en la preparatoria. ¡No es de extrañar que tantos se avergüencen de que les gusten las mujeres con curvas! Todos somos seres humanos, con cualidades, intereses y preferencias sin importar nuestro peso; todos queremos amor y felicidad. Utilizar calificativos y sobrenombres con alguien es tan deshumanizante como cruel.

Nos enojamos cuando escuchamos que a otros se los insulta por sus orígenes étnicos o raciales. Con buenos motivos, la industria de los medios y el entretenimiento ahora censura gran parte de esta intolerable crueldad. Pero esto no es igual cuando se trata de personas con sobrepeso. Todavía abundan los chistes de gordos en todas partes. Los comediantes aún se burlan de las personas gordas. Vemos segmentos humorísticos con hombres y mujeres grandes que se caen o hacen el ridículo, y la gente se ríe. Nada parece haber transmitido el mensaje de que es doloroso reírse de las personas gordas. No está bien, y no queremos ser parte de esa clase de comportamiento malintencionado. Creo que debemos tener esto en cuenta y aplaudir a quienes son lo suficientemente fuertes para ser fieles a sus preferencias románticas sin preocuparse por lo que los demás piensen o digan.

¿Y qué caraj* es un «feeder»?

Nunca olvidaré a Daniel. Yo estaba en el *subway* en Nueva York cuando lo vi observándome. Un muchacho alto con hermosos ojos cafés, vestido con un traje fabuloso y muy elegante. Me había subido a un tren para ir a un lugar en el centro donde se grabaría parte de *Curvy Girls*. Ambos bajamos en la misma estación. Y luego —¿las coincidencias nunca terminarían?—, ambos intentamos encontrar un taxi, algo que no es precisamente fácil en una concurrida esquina de Nueva York. Él lo logró primero.

—¿A dónde vas? —me preguntó con una sonrisa.

Iba a un lugar en Greenwich Village, y le mencioné las calles. Probablemente estaba a menos de un kilómetro, pero llevaba tacones muy altos y tampoco sabía cómo llegar.

—Sube —dijo—, me queda de camino. Te dejaré allí.

Le tomó tal vez cuatro semáforos pedirme mi número.

—Te llamo en la noche —prometió. Y lo hizo.

Mientras hablábamos, me dijo que era contador, y que estaba divorciándose.

—¿Estás seguro de eso? —le pregunté.

Se rio.

—Cuando nos veamos para cenar —me dijo—, te lo probaré.

Hablamos nuevamente la noche siguiente, y luego la siguiente. Le dije que siempre había querido dar un paseo en carruaje por Central Park.

—Hagamos eso antes de la cena —sugirió.

Como amo Central Park, subirme a un carruaje halado por un caballo para recorrer el parque me resultó increíblemente emocionante. Daniel empezaba a agradarme por organizar esta pequeña aventura. Durante el recorrido, me preguntó por mí y también me contó más acerca de él, sobre sus aspiraciones y su carrera, lo habitual en una primera cita.

Cuando llegamos al restaurante, metió la mano en el bolsillo interior de su saco y extrajo un sobre con copias de documentos legales de su divorcio.

—Sólo quiero que confirmes —dijo—, que estoy a punto de divorciarme.

¿Hubo algunas señales evidentes de alerta? Bueno, mientras cenábamos, noté que prestaba demasiada atención a verme comer. Bueno, y prácticamente se derritió cuando unté mantequilla en un trozo de pan y me lo llevé a la boca. ¿Qué pensaba yo? No lo sé. Creo que pensé que le gustaba mi cara. Que todo eso estaba bien.

Tuvimos una cena encantadora. Y luego insistió en el postre.

—Este lugar tiene el mejor *cheesecake* —dijo.

Yo intentaba perder peso, pero él parecía decidido a hacerme probar un poco de pastel, así que me dejé llevar.

—Sólo un trozo, lo compartiremos —le dije.

Cuando el mesero lo colocó en el centro de la mesa, Daniel lo empujó hacia mí.

—Pruébalo —dijo.

Tomé un bocado.

—Muy rico —dije.

Daniel sonrió.

—¿Te comerías un *cheesecake*, para mí? —preguntó con más intensidad de lo que me resultaba agradable—. ¿Lo comerías lentamente?

—¡Qué ra... ro suena eso!

Hasta ese momento, nunca había oído hablar de los «*feeders*», o «alimentadores». Pero Daniel era uno de ellos. ¡Y me dio escalofríos! Le ofrecí cualquier excusa para terminar la cita tan pronto acabó la cena. Ya en mi hotel, me apresuré por el vestíbulo.

—Gracias por una noche increíble —le dije mientras corría hacia el elevador. Más tarde, de vuelta en mi habitación, encendí la computadora y busqué «hombres a los que les gusta verte comer». Encontré varias historias de mujeres que contaban haber aumentado de peso debido a parejas que prácticamente las alimentaban a la fuerza.

¿Cuándo es que una preferencia se vuelve un fetiche?

Cuando entré al mundo de las citas, ya tenía tres hijos, pero todavía desconocía algunas cosas. Sin embargo, casi tan pronto como apoyé la mitad del pie en la esfera llamada «soltera y buscando», rápidamente empecé a escuchar algunas cosas que me parecieron extrañas en el mejor de los casos. Un hombre con el que había intercambiado apenas unas pocas palabras, me miró y dijo:

—Me pregunto cómo se siente tu grasa y cómo se agita cuando te mueves, porque eso realmente me excita.

Mientras me alejaba, lo miré y dije:

—Me voy muy lejos de aquí.

En los últimos años se ha hablado y escrito cada vez más sobre los hombres de los que se dice que tienen un fetiche con la gordura. Hace unos años, estaba modelando en la Full Figured Fashion Week en París, y me di cuenta de la presencia de varios hombres mayores bien vestidos que se devoraban con los ojos a las mujeres que modelaban lencería. Pero escuché a un hombre decirle a una de las modelos que admiraba su celulitis. Luego le sonrió y dijo: «Pero lo que más me encanta es ese rollo de grasa debajo de la línea de tu sostén».

Pude ver que la modelo se sentía extremadamente incómoda ante aquellas palabras. ¿Eso era realmente un cumplido? ¿Estaba siendo sincero o sarcástico? Ella claramente no sabía qué responder. Yo tampoco sabía qué pensar. ¿Era un hombre con un fetiche con la gordura, y lo mostraba abiertamente? Y si era así, ¿era eso algo bueno, algo malo o simplemente algo confuso?

Si buscas en internet, descubrirás rápidamente que la gente es cada vez más abierta acerca de tener un fetiche con la gordura, y regularmente surgen nuevas formas de manifestarla. Algunos hombres fantasean con ser aplastados por mujeres gordas: con tenerlas a ellas sentadas en sus caras o cuerpos. El aplastamiento parece ser una forma de sadomasoquismo en la que el hombre disfruta sintiendo un dolor real porque no recibe suficiente oxígeno.

Creo entender que las personas se excitan con una variedad de estímulos diferentes. Sin embargo, para mí este abordaje no tiene absolutamente ningún atractivo. Yo quiero una relación basada en el amor mutuo, no en el fetichismo. De ninguna manera quiero juzgar a nadie, pero me asusta y me disgusta la idea de que un hombre esté más interesado en tocar un pliegue de grasa que en descubrir a una mujer y aprender más sobre sus pensamientos y sentimientos.

Autoestima y vergüenza corporal

Un alto porcentaje de mujeres sabe lo que es carecer de confianza corporal. Es probable que cualquier mujer que haya sido objeto de burla e insultada por el tamaño de sus caderas, brazos, senos, estómago o muslos, etc., tenga problemas de autoestima. Es difícil sentirte bien contigo misma si recuerdas haber sido insultada, o incluso molestada, por tus caderas o senos en el patio o el vestidor de la escuela. Pero los problemas de sentirnos avergonzadas por nuestra apariencia no se detienen cuando salimos de la escuela: nuestra baja autoestima se prolonga de manera inevitable y tiene un impacto fuerte en las decisiones de nuestras relaciones sentimentales a lo largo de toda la vida.

Es un hecho: las mujeres con baja autoestima tienen más probabilidades de tomar elecciones y decisiones cuestionables en materia de sus relaciones que aquellas con una visión más positiva de sí mismas. Si te has involucrado anteriormente con hombres que no son buenos *contigo* o *para ti*, y deseas que tu vida cambie, lo primero en lo que debes pensar es en mejorar tu autoestima. Una mujer con un fuerte sentido de valor propio tiene una probabilidad más alta de atraer buenas parejas y evitar a quienes no la tratarán con el respeto y la aceptación que merece.

Nadie nace con baja autoestima: si tienes problemas en esta área, se debe a todos los recuerdos que residen en tu mente y que se activan con gran regularidad, diciéndote que no eres perfecta. Me acosaban con tanta frecuencia por el tamaño de mi trasero que, a los dieciséis años, recuerdo haberme preguntado honestamente: ¿quién se enamoraría de una muchacha con un cuerpo como el mío? Ahora, por supuesto, me pregunto por qué tenía una visión tan negativa de mí misma.

Habrá mujeres a las que nunca se les ha hecho sentir inseguras acerca de sus cuerpos. Nadie les ha dicho algo que las hiciera sentir profundamente defectuosas. Pero éste rara vez es el caso: todos vivimos en una época en la que los medios de comunicación y los estereotipos nos bombardean con el mensaje de que la belleza perfecta reside principalmente en cuerpos delgados. Las mujeres deseables que son representadas en las películas, la televisión y los anuncios casi siempre son delgadas y perfectamente proporcionadas. Esto no ocurre en el mundo real, donde se estima que la mujer estadounidense promedio es talla 16. Actualmente, tanto los medios de comunicación como las redes sociales, tienen una enorme influencia en cómo nos sentimos acerca de nosotras mismas y de quienes nos rodean.

Cómo la baja autoestima causa problemas en las relaciones

He pensado mucho en cómo mi baja autoestima impactó mis relaciones. Esto es algo que aprendí en base de mi experiencia y las de otras mujeres que como yo han recorrido el camino de la baja autoestima:

Debido a que las mujeres con baja autoestima carecen de confianza, buscan reafirmación de su propio valor. Esto las hace muy vulnerables a parejas manipuladoras. Cuando encuentran un hombre que les dice todas las cosas que esperan escuchar, no consiguen mantener límites apropiados. Cuando era más joven, esto me hizo muy vulnerable a los hombres equivocados. Aprendí por las malas que los hombres que te dicen todo lo que quieres escuchar —antes de siquiera conocerte un poco más— pueden ser poco sinceros. Este tipo de hombres sólo saben qué botones tienen que presionar para que asientas y aceptes todos sus deseos.

Las mujeres con baja autoestima suelen tener problemas de autoaceptación. Pueden sostener diálogos internos regulares en los que se critican a sí mismas. Luego, si se involucran con parejas abusivas expertas en encontrar formas de hacer sentir mal a las mujeres, aquello se convierte en un escenario familiar más que amenazador o aterrador.

Las mujeres con baja autoestima están demasiado ansiosas por complacer y terminan haciendo la mayor parte del trabajo emocional, e incluso físico, que implica mantener una relación. Casi inevitablemente hacen más de lo que les corresponde.

Las mujeres con baja autoestima creen constantemente que no son dignas. Creer esto acerca de ti misma genera relaciones desiguales y no saludables.

Las mujeres con baja autoestima son más propensas a pasar por alto los problemas de su pareja. De hecho, piensan cosas como: «Acepto muchas de sus fallas. Eso debería hacer que pase por alto las mías».

Las mujeres con baja autoestima típicamente están ansiosas por encajar y pertenecer. Debido a esto, podemos dejar de mantener límites fuertes y sanos y de protegernos a nosotras mismas. No nos valoramos. Durante mucho tiempo en mi vida, accedí a lo que otros querían. Aprendí por las malas que decir «NO», es una forma de proteger y cuidar tu propio bienestar.

Las mujeres con baja autoestima con frecuencia aseguran tener dificultades para encontrar una pareja. Su inseguridad las hace evitar los eventos sociales, por lo que pasan a ser mujeres poco sociales, lo que les hará más difícil encontrar una pareja.

Las mujeres con baja autoestima tienden a aceptar a personas que les dan menos de lo que merecen, y muy frecuentemente se encuentran en relaciones con parejas hirientes que externalizan sus experiencias negativas, traumas, inseguridades y propios monstruos con ellas.

Desde mi propia experiencia, es muy importante que las mujeres reconozcan si tienen problemas de baja autoestima. Si tú eres una de esas mujeres, hay trabajo por hacer: con respecto a cómo te sientes contigo misma, y acerca de cómo mantener límites apropiados y sanos; para saber cuándo y cómo decir «SÍ» o «NO». Tenemos que hacer lo que sea necesario para honrar nuestro sentido de valor propio. Algunas querrán ver a un terapeuta o *coach* para que las ayude con este trabajo.

Aquí va la enseñanza: todos tenemos que invertir el mismo tiempo en nuestro crecimiento interior y espiritual que el que le dedicamos a intentar complacer a los demás. Si no te cuidas, nadie más lo hará. El viaje comienza sanando de adentro hacia afuera. Les mostramos a los demás cómo tratarnos con la forma en que nos tratamos a nosotros mismos. Si no estás recibiendo el amor y el respeto que mereces, te animo a mirar hacia adentro y a sanar esos pensamientos que no están alineados con las relaciones que deseas atraer. Llegas a desarrollar relaciones sanas haciendo que el inconsciente sea consciente, originadas desde tu auténtico «yo».

Deja de buscar el amor

Había escuchado cosas como: «Deja de buscar el amor y espera a que te encuentre». Durante mucho tiempo no lo entendí, pero después de pensar en mi actitud y comportamiento tras varias relaciones fallidas, empecé a comprenderlo. Cuando era más joven, me consumía la idea de encontrar el amor y casarme. En lo que a mí concernía, eso era lo único que importaba. Cuando conocía a una posible pareja, estaba preparada para hacer cualquier cosa con tal de convertirme en la persona que él necesitara que yo fuera. Pero ya a los treinta y cinco años, había llegado a un nuevo y mejor razonamiento. Era exitosa y feliz con mi vida, y encontrar el amor había dejado de ser mi prioridad.

Para mí es importante que entiendas a qué me refiero cuando te digo que dejes de buscar el amor: no quiero decir que renuncies al amor y te cierres a la posibilidad de encontrarlo. El amor es una parte importante de la vida, y debemos permanecer abiertos a él. Todos queremos amar y ser amados. Lo que no deseo es que te obsesiones tanto con tener una relación que pierdas de vista quién eres, qué necesitas y hacia dónde vas.

Entre otras cosas, las mujeres que desean encontrar el amor más que cualquier otra cosa pueden parecer desesperadas. Están tan ansiosas que inician relaciones demasiado rápido e ignoran comportamientos inaceptables en sus parejas. No quiero ver que te rompan el corazón y pierdas tu precioso tiempo tratando de encontrar el amor en todos los lugares equivocados, como en relaciones fallidas. Por medio de la dura experiencia aprendí que no puedes forzar el amor, y que no puedes amar a un hombre para que te ame. Puedes ser la mejor mujer del mundo, pero si estás haciendo mucho más de lo que te corresponde para mantener la relación, no está destinada a ser: deberías estar con alguien que invierta el mismo esfuerzo en la relación como tú.

Si no estás obteniendo lo que necesitas de una pareja, deja de intentar que esto suceda. Reconoce cuándo es el momento de reducir tus pérdidas, enfrentar el miedo y alejarte. Además: deja de perdonar el abuso, la infidelidad o el comportamiento hiriente. No dejes que a la otra persona se le haga costumbre faltarte al respeto. Mientras más rápido vuelvas a aceptar a alguien, menos respeto te mostrará. No vas a querer pasar el resto de tu vida con parejas tóxicas que repiten comportamientos hirientes ya que confían en tu perdón y no consideran la posibilidad de perderte para siempre.

Ésta es una cita que me encanta:

Lo que venga, déjalo venir. Lo que se quede, déjalo quedarse.
Lo que se vaya, déjalo ir.

H. W. L. POONJA (PAPAJI)

Por último, enfoca la energía que le estás dedicando a la construcción de tu autoestima también a la exploración de tu ser a fin de encontrar cosas que te gustan hacer para ti.

Estas son algunas sugerencias:

Aprende a disfrutar de ir sola a los lugares. Las personas con baja autoestima pueden tener dificultades a la hora de pasar tiempo a solas porque necesitan la energía de otras. Necesitan de los demás para encontrar su lugar y definirse. Recuerda que estar sola no es lo mismo que sentirse sola. A veces pasar tiempo contigo misma es el remedio adecuado para mejorar tu vida.

Todos tenemos intereses. ¿Cuáles son los tuyos? ¿Te gusta la música, el arte, la danza? Encuentra una clase que te guste y fomente tu creatividad.

Sal contigo misma. Sal a cenar, a comer o incluso al *brunch*. Ve al cine, al teatro, a un concierto o conferencia. Elige lugares y eventos que realmente creas que disfrutarás. Cuando salgas en una cita contigo misma, no olvides recordarte lo increíble y única que eres.

La relación que tienes contigo misma es la única que no puedes dejar, así que más vale que le des todo tu amor.

Todo lo que vives es una oportunidad para crecer

MUCHOS HEMOS VISTO FOTOGRAFÍAS DE LA ICÓNICA Melrose Gate de Hollywood, con las palmeras elevándose por encima de los dos arcos y *Paramount Pictures* escrito en cursivas. Aquí es donde se han realizado miles de increíbles películas y programas de televisión, desde *Forrest Gump* hasta *Cheers* y *NCIS: Los Ángeles*. Cuando vi Melrose Gate, casi no podía creer que fuera real. Siempre recuerdo una de las primeras veces que estuve allí para grabar *Face the Truth*, un programa de televisión del que fui coanfitriona. Mientras pasaba por el control de seguridad, el guardia dijo: «¡Buenos días, señora Mercado!». Fue entonces que tomé consciencia: ¡Caraj*! ¡De verdad estoy trabajando aquí! ¡Esto no es un error! ¡Aquí es realmente donde debo y quiero estar!

Todos necesitamos asumir lo que sucede en nuestras vidas: lo grandioso, lo bueno, lo malo, lo feo y lo inesperado. Yo he tenido que reconocer mi buena cantidad de errores en la vida. Y ahora tengo que preguntarme: ¿Cómo fue que yo, una mujer latina que alguna vez pesó ciento noventa kilos, terminé trabajando primero como modelo y luego como *life coach* con apariciones en *talk shows* transmitidos a nivel nacional? ¿Cómo sucedió todo esto? ¿Cómo sé que cada uno de nosotros tiene un propósito en esta vida? También necesito preguntar: «¿*Por qué* sucedió esto?

Nunca soñé ser *life coach*. Creo que la primera persona que sugirió que me convirtiera en una fue una productora de uno de los programas de televisión en que aparecí tras mi pérdida de peso.

— ¿Alguna vez has considerado ser *life coach*? —me preguntó.

Bueno, no, nunca lo había considerado. Pero entonces la lógica de dar ese paso me fue evidente. Mis ojos se abrieron ante la posibilidad, y me sentí muy emocionada y determinada. En muchos sentidos, sentí que había pasado toda una vida preparándome para ese papel. Los diversos problemas que he enfrentado me hicieron significativamente más consciente y sensible ante los desafíos de otras personas, y más compasiva y empática hacia sus problemas y situaciones.

Creo firmemente que todo sucede por una razón, aun si no lo entendemos en el momento. Estamos aquí para crecer y aprender de nuestros desafíos personales, y he aprendido que hay una gran cantidad de sabiduría que envuelve nuestro dolor. También estamos aquí para ayudar a otros a recorrer sus propios caminos de crecimiento espiritual. Es posible que no siempre veamos el propósito en lo que hacemos; sin embargo, nuestra misión es tratar de averiguarlo. En la vida, somos más felices cuando nuestros objetivos están alineados con nuestro propósito.

Cada vez que hablo con mi mamá sobre algo que planeo hacer, o sobre una decisión importante que tenga que tomar, ella inevitablemente me recuerda que debería asegurarme de que haya un propósito en lo que hago y que siempre ore en todo momento. Ésta es la oración que me enseñó mi mamá: «Dios, si no hay un propósito en lo que sucede en este momento, ayúdame a alejarme de ello. Me entrego a Tu voluntad y a Tu propósito en mi vida. Estoy lista para lo que sigue».

«Padre, si no tiene propósito, por favor aléjame de esto».

«Padre, me rindo ante Ti y a Tu propósito en mi vida. Estoy lista para lo que sigue».

Detente un momento para pensar en tu propósito

Una parte importante de la vida implica encontrarnos a nosotros mismos, sabiendo que en la vida de cada cual habrá diferentes estaciones y desafíos, así como diversas oportunidades para la realización y la felicidad. A todos se nos presentarán millones de opciones y posibilidades. Entrénate para mantener tu propósito en primer plano en tu mente. Antes de tomar cualquier decisión o hacer algo, pausa por un momento para recordar tus valores y honrar tu propósito. Si algo que estás haciendo o planeas hacer no cumple con tus valores o propósito, recuerda detenerte y alejarte. La vida siempre te presentará nuevas oportunidades. Mis experiencias me han mostrado que quiero atraer más amor y menos drama a mi vida. Quiero poder alejarme de la negatividad y las quejas y concentrarme más en lo positivo: aprender, hacer y amar.

Nunca olvides que nuestro tiempo en la Tierra es limitado: estamos aquí para vivir y aprender, pero también para servir. Todos tenemos sabiduría para compartir, y tu voz puede ayudar a los demás. Los actos más sencillos de amabilidad y compasión mejorarán la experiencia de otra persona.

Prepárate para los altibajos de la vida

Nadie está exento de vivir tiempos difíciles y duras pruebas. Las cosas malas ocurren, y eso puede desgastarnos, haciéndonos sentir deprimidos y derrotados. Cada vez que te sientas amenazada por los acontecimientos en tu vida, recuerda que uno pasa por un ciclo de crecimiento y que siempre hay una lección que debes aprender. Cómo reaccionas a los altibajos es lo que determinará tu futuro.

Una de las primeras lecciones que necesitas aprender es: nunca te rindas.

En mi propia vida, cada vez que me siento muy agotada y estancada, me ha resultado útil buscar alguna actividad que me desafíe y me ponga en movimiento. Recuerdo una vez que me sentía realmente estancada. Mi energía estaba extremadamente baja, y me sentía derrotada y sin inspiración. Necesitaba cambiar mi actitud, y no quería recurrir a mis viejos comportamientos, como esconderme bajo las sábanas. Con eso en mente, me inscribí a un taller vespertino con un *coach* que utilizaba algunas técnicas particulares para ayudar a las personas a superar sus barreras mentales.

En el taller recibimos una tabla que tenía tal vez unos treinta centímetros de largo y más de un centímetro y medio de ancho. Siguiendo las indicaciones del *coach*, en un lado de la tabla escribí todas las cosas que quería lograr en la vida. Cuando miré alrededor pude ver que, como yo, los demás participantes escribían sus objetivos de encontrar mejores relaciones, situaciones laborales, generar más dinero y alcanzar el éxito. Al otro lado anotamos todas nuestras frustraciones y temores acerca del logro de nuestras metas. Éstas eran las cosas que se interponían en el camino que llevaba hacia donde queríamos estar.

El *coach* nos dijo que primero meditaríamos, y luego usaríamos las manos para atravesar el lado de la tabla con todas nuestras frustraciones y miedos para llegar al lado que representaba nuestros objetivos.

Recuerdo mirar la tabla y pensar: ¿cómo voy a atravesar eso? No sabía si era lo suficientemente fuerte como para romper una tabla con las manos. Casi en respuesta a mis pensamientos, el *coach* nos recordó que teníamos que dejar de pensar negativamente. Teníamos que reiterar que podíamos alcanzar nuestros objetivos y, en el proceso, necesitábamos dejar a un lado todas las excusas que estuviéramos inventándonos acerca de que no podríamos lograrlo.

Ha habido muchas ocasiones en que me he sentido tentada a rendirme sin realmente intentarlo. El esfuerzo parecía demasiado grande, y me preocupa no ser lo suficientemente fuerte. Por un momento, mientras miraba la tabla con mis metas escritas por un lado y mis frustraciones y temores por el otro, me quedé atrapada en mi telaraña de pensamientos negativos y de autoderrota, y así es exactamente como me sentía. Pero también tenía claro que en realidad no quería rendirme.

Siguiendo las instrucciones del *coach*, coloqué la mano, y luego, contando hasta tres, usando toda mi energía física y mental, golpeé la tabla. ¡Y se rompió! Experimenté una increíble sensación de empoderamiento. En los momentos en que me siento más desanimada, recuerdo el momento en que la tabla se partió. Me digo: «¡Puedes hacerlo!», y sigo adelante.

Frente a mi mayor desafío personal

Cuando mi objetivo de convertirme en modelo tomaba forma por primera vez, no tenía idea de cómo lograrlo. Enfrentaba enormes desafíos físicos, como mi peso en ese momento, pero mis dificultades psicológicas y emocionales eran igual de grandes. Hasta ese momento, mi vida había estado llena de demasiadas elecciones precipitadas y pasos en falso. Arrastraba una cantidad de basura emocional mucho mayor que mi peso físico: viejos resentimientos, vergüenza, ira y culpa por el pasado, así como incertidumbre, miedo y ansiedad sobre mi futuro.

También tenía un montón de preguntas sobre mi vida: ¿Por qué tuve tantas relaciones fallidas? ¿Por qué los hombres equivocados se sintieron atraídos a mí? ¿Por qué había sido la infidelidad un problema en todas mis relaciones? ¿Por qué era una comedora emocional? ¿Por qué sentía tanta ansiedad acerca de tantas cosas? Cuando estaba nerviosa por algo: ¿Por qué entraba tan rápido en modo de pánico, con las manos temblorosas? ¿Por qué me preocupaba tanto que la gente se burlara de mí, y qué podía hacer para cambiar mis reacciones? ¿Por qué tenía un miedo tan intenso al fracaso, miedo a no ser exitosa en mi carrera y a no encontrar nunca una relación como la que comparten mis papás? Estaba muy estresada por mis finanzas, y siempre me preocupaban el dinero y mi capacidad para pagar todo lo que mis hijos necesitaban. Y luego, de nuevo... ¡estaba mi tamaño! A no ser que hiciera algo, tenía bastantes probabilidades de desarrollar una enfermedad o discapacidad relacionada con el peso. Me aterraba terminar siendo una carga para mis hijos. Los desafíos que nos presenta la vida están diseñados para ayudarnos a descubrir y encontrar nuestro propósito en la vida: quiénes somos, y qué estamos destinados a hacer. Sabía que no podía reescribir mi pasado, pero ¿qué podía hacer para mejorar mi presente y crear una perspectiva diferente para mi futuro?

Mi vida comenzó a cambiar a los veintiocho años, cuando me diagnosticaron un quiste cerebral. Me había enfermado tanto que creí que no lo superaría. Tenía que cambiar mi vida en serio. Para empezar, necesitaba hacer un esfuerzo consciente para deshacerme de mis pensamientos tóxicos. Tenía que librarme de todos los viejos resentimientos y el enojo que arrastraba conmigo. Estaban hundiendo mi espíritu y causando estragos en mi vida. No soy la primera en decir que la ira puede manifestarse en nuestros cuerpos, o que aferrarse a la rabia y el resentimiento puede ser dañino para la salud.

Duro hallazgo: vivir en el dolor de mis experiencias negativas del pasado me estaba enfermando, ¡y mucho!

Había pasado demasiado tiempo pensando, no digamos llorando, por las cosas malas que me habían sucedido. Era la mamá de tres niños pequeños. Mi vida estaba en juego, y tenía que encontrar una forma diferente de manejar la infelicidad. Decidí que me esforzaría en condicionar mi mente. Cada vez que tuviera un pensamiento doloroso que generara enojo o resentimiento, hablaría conmigo misma al respecto. Por ejemplo, cada vez que recordaba un momento particularmente infeliz en mi vida, mi tendencia habitual era llorar y seguir repasando los detalles de lo ocurrido, recordando cuán herida y molesta me había sentido. Esto me hacía sentir aún más dolida y enojada. ¡Estaba decidida a terminar con este patrón de pensamientos!

Mi decisión: no iba a permitir que los recuerdos tóxicos de mi pasado me siguieran lastimando y envenenando una y otra vez.

Cada vez que un recuerdo doloroso cruzaba mi mente, me pedía que lo dejara ir. Me permitía sentir la emoción en ese momento, y entonces tomaba la decisión consciente de dejarla ir con amor. En lugar de revivir ese recuerdo desdichado, me obligaba a pensar en algo agradable y bueno. En mi vida, di a luz a cada uno de mis tres hijos sin una pareja a mi lado. Pensar en lo triste y sola que me sentí durante esos momentos en el hospital casi inevitablemente me hacía sentir pena por mí misma, comenzaba a sollozar y luego pasaba el resto del día consolando mi dolor. Bueno, me obligué a cambiar el recuerdo. En lugar de centrarme en mi dolor emocional en esos momentos, pensaría en cada uno de mis hijos, en sus primeras sonrisas y en cuánto los amaba. Recordaría los buenos momentos de ser mamá, y esto liberaría mi dolor. En lugar de llorar, sonreiría.

Mi elección: redirigiría mis emociones.

Había muchas veces en el día en que me sentía frustrada e infeliz. Me di cuenta de que tenía que entrenarme para ver esos momentos bajo una luz más positiva. Digamos que estaba frustrada porque la terapia de mi hijo Valentino no iba tan bien como quería; en lugar de centrarme en la frustración, podía recordar lo lejos que había llegado y cuánto había mejorado. En lugar de frustración, podía sentir agradecimiento, orgullo y alegría por sus logros. Digamos que estaba teniendo un mal día físicamente y me sentía menos que firme sobre mis pies. En lugar de enojarme, ponerme ansiosa, podría enfocarme en cuánto había mejorado mi salud y en la bendición que es tener unos papás maravillosos que me apoyan. En lugar de apenarme por no tener una pareja, podía experimentar alegría al saber que era libre e independiente, nadie me decía qué hacer o no hacer, y el mundo estaba lleno de oportunidades buenas e ilimitadas para mi futuro.

Sabía en mis entrañas que mi enojo y mi resentimiento eran factores que me enfermaban. Aferrarme a estas emociones no valía el precio de mi salud, o de sacrificar mi propósito de vida. Tomé una decisión: estas emociones negativas tenían que desaparecer, y yo tenía que cambiar.

Encontrar un nuevo enfoque: dejar de ser la víctima

Cuando era más joven, se me hacía muy fácil verme como una víctima. Odio admitirlo, pero cuando pienso en ello, «Soy la víctima» definitivamente se había convertido en mi recurso de última instancia.

Los niños en la escuela eran malos conmigo: «Soy la víctima».

Mi metabolismo y mi genética facilitan mi aumento de peso: «Soy la víctima».

Todos los hombres de mi vida me abandonaron: «Soy la víctima».

Mis hijos están creciendo sin un papá: «Soy la víctima».

Mi hijo tiene parálisis cerebral: «Soy la víctima».

Nunca he tenido una relación sentimental buena y confiable: «Soy la víctima».

¡Adueñarme de mi vida!

¡Yo no soy una víctima!

En definitiva debo ser completamente honesta conmigo misma —y con los demás— sobre el papel que he desempeñado en todo lo sucedido en mi vida. No hay duda al respecto: mis problemas incluían algunas decisiones lamentables. Con frecuencia las tomé debido a mi búsqueda de amor y validación. Siempre quise un matrimonio como el de mis papás y creía tontamente que, si no estaba en una relación comprometida a cierta edad, no sólo sería un fracaso, sino que nunca ocurriría.

Es demasiado fácil victimizarse y sentir pena por uno mismo. Y definitivamente tenía mucha práctica haciendo precisamente eso: estaba aprendiendo que todas las veces que me autocompadecía, avivaba y alimentaba todos mis sentimientos de baja autoestima. Tenía que cambiar. Tenía que redirigir mi mente y dejar de avivar todos los malos recuerdos. Tenía que dejar de llorar por mis dificultades y pérdidas. Aprendí a permitirme sentir mis emociones sin importar que fueran buenas o malas, y luego asegurarme de dejarlas ir para poder sanar. Mi vida estaba en juego: tenía que quitarme esa mentalidad de «Pobre de mí». Era hora de actuar, y no de llorar.

Mi primer paso fue reconocer lo que había estado haciendo. El segundo, comprometerme a hacer las cosas de manera diferente. Cuando despertaba todas las mañanas, decidía no concentrarme más en el dolor que había sentido en el pasado. En cambio, me concentraría en todos los buenos recuerdos y momentos de mi vida. Pensaría en ellos y recordaría sentir agradecimiento.

Salvada por la biblioteca, el internet y la sección de autoayuda de la librería

Mientras luchaba por cambiar mi actitud, recibí muchísima ayuda de algunos escritores y pensadores verdaderamente inspiradores. Cuando intentaba obtener más información sobre mis problemas físicos, tropecé (literalmente) con la sección de autoayuda en Barnes & Noble, donde comenzó mi búsqueda formal por respuestas. Empecé a leer. Aprendí mucho: obviamente no era la primera persona que enfrentaba desafíos en la vida. No era la primera persona que se sentía sola y deprimida. No era la primera mujer con una historia de elecciones sentimentales fallidas, y tampoco la primera que quería crear un cambio en su vida. Personas que entendían lo que yo experimentaba habían escrito libros y artículos y dado entrevistas que podían ayudarme a cambiar mi vida.

¿Qué hombres y mujeres ayudaron a cambiar la mía? Para empezar: Deepak Chopra, Iyanla Vanzant, Wayne Dyer y, por supuesto, Oprah Winfrey. Ésas son algunas de las personas que creí capaces de entender mi dolor y que me ayudaron a encontrar un camino hacia un punto de vista más sano y positivo. Todo lo que leí y escuché de estos pensadores inspiracionales comenzó a tener un sentido tremendo. Mi lectura no era casual: era intencionada, además de informativa y transformadora. Me la tomé en serio. Si leía una frase que valía para mí, la escribía, la estudiaba y trabajaba para ponerla en práctica. Hice una lista de formas en las que tenía que cambiar mi actitud. Al principio de mi lista escribí:

Aprende a ser agradecida.

Aprende a ser comprensiva.

¿Era fácil? No. Aun como *life coach*, a veces me encuentro hablando con un cliente sobre una verdad que yo sabía en mi alma que era importante que «entendiera», y entonces oigo sonar un timbre: «¡*Rin! ¡Rin!* *¡Rin!* ¡Ey, Rosie! ¡¡¡Eso vale *para ti* también!!!». Es un proceso que dura toda la vida cuando tienes el deseo de ser mejor cada día. Sé que, aunque ahora trato de ayudar a otros en la misma situación, a veces descubro que todavía tengo cosas que trabajar *conmigo misma*.

Aprender a ser más agradecida

Sentirse agradecido es justo lo opuesto de sentirse víctima. Si iba a recuperarme y a cambiar mi vida, era importante para mí reconocer todas las formas en que había sido muy bendecida y todas las cosas por las que debía sentirme agradecida. Era hora de que reconociera y abrazara las bendiciones de Dios en mi vida.

Por un tiempo, cuando tenía entre veinte y treinta años, me convencí totalmente de que moriría. A medida que mejoré, no podía evitar sentirme agradecida por seguir respirando y porque lentamente, pero de manera segura, comenzaba a poder hablar sin arrastrar las palabras y a caminar sin aferrarme a alguien o a algo. Estaba agradecida, y decidí intencionalmente que no dejaría que ese sentimiento desapareciera. No iba a permitir que la negatividad volviera a mis pensamientos. Sentirnos agradecidos nos ayuda a expandir la existencia; nos ayuda a abrirnos y a dejar que las buenas personas y experiencias entren en nuestras vidas. Aprendí por las malas que si albergas sentimientos negativos hacia ti mismo —como el de «Soy una víctima»—, esta negatividad es precisamente lo que invitarás a tu vida.

Lenta, pero confiadamente, comencé a deshacerme de toda la energía negativa que me había estado destruyendo.

Aprender a perdonar más

El perdón. No sería tan difícil perdonar a las personas que me habían lastimado, a quienes pasaron brevemente por mi vida sin realmente tocar mi corazón. Pero ¿podía perdonar a los hombres que había querido? ¿Podía perdonar al papá de mi hija por poner mi vida de cabeza y luego abandonarme? ¿Y a mis exmaridos? ¿Podía perdonar y olvidar todas las formas en que sentía que la vida me había maltratado? ¿Podía perdonarme a mí misma? Me di cuenta de que había permitido que sucedieran todas esas cosas. Sabía intuitivamente que mi incapacidad para perdonar el pasado me mantenía atrapada en el dolor y el resentimiento que sentía en ese momento. Mi bienestar mental y físico estaban en riesgo.

En mi vida de fantasía, cuando más sentía pena por mí misma, a veces imaginaba una situación en que las personas que me habían lastimado entraban por la puerta y me pedían perdón. Todos hemos tenido pensamientos parecidos. Seamos sinceros: a mi ego le encantaba esa situación y la idea de verlos de rodillas, sollozando por lo que me habían hecho. Un ejemplo del ego, ego, ego trabajando duro. Incluso si hubiera una posibilidad de que alguna vez ocurriera, sabía que eso no cambiaría el pasado, ni haría una diferencia en el futuro. Así que tuve que pedirle a mi ego que se hiciera a un lado para concentrarme en mi sanación genuina. **Era hora de trabajar en mi capacidad de practicar el perdón incondicional.**

Al principio, por supuesto, me resistí a hacerlo. Hay razones por las cuales todos llegamos a estancarnos en nuestros sentimientos de dolor e infelicidad. Y, *caraj**: es simplemente difícil liberar a aquellos que nos han lastimado, soltar cualquier pensamiento de obligación que tenemos mentalmente sobre lo que ellos nos *deben*; lo que necesitamos obtener de ellos emocionalmente antes de decidir que estamos a mano. Pero tenía que dejar ir los viejos resentimientos y el dolor, y concentrarme en el panorama más amplio. Tenía que hacerlo por mí y por mi bienestar, no por nadie más.

¡Estaba viva y respiraba! *¡Aleluya!*

¡Tenía opciones, posibilidades y un propósito! ¡Gracias a Dios!

¡Y tenía sueños! ¡Tantos sueños!

No podía dejar que mi dolor emocional me impidiera aprovechar al máximo mi vida. Y aprender a perdonar fue uno de los pasos más importantes en mi vida, y uno de los más difíciles. También era importante por otras razones: mis hijos, como todos los niños, tendrían una tendencia a reflejar mi reacción a las situaciones. Quería que siguieran adelante sin arrastrar el bagaje de mi dolor. Mi capacidad de perdonar y dejar ir establecería un estándar mejor y más sano para la calidad de sus relaciones. Ya puedo ver esto en mi hija, Bella. Cuando ella era más pequeña, a veces preguntaba por su papá. ¿Por qué se fue? ¿Por qué nos abandonó? ¿Por qué no me amó? Sus preguntas eran similares a las mías, lo que es una gran señal de alerta. Ahora ella puede decir: «Todo sucede por una razón. Dios bendiga a mi papá, dondequiera que esté».

Algunas reflexiones sobre las personas que nos lastimaron: deja ir los recuerdos sobre el dolor que te causaron. Piénsalo de esta manera: hay bondad en cada persona que te lastimó, sin importar lo que hicieron o cómo lo hicieron. Tal vez no estaban expresando las mejores versiones de sí mismos. Ten en cuenta que las personas hirientes regularmente actúan de acuerdo con su propio dolor e inseguridad. Reconoce que no siempre mostramos la mejor versión de nosotros mismos. Reconoce que te lastimaron, y en tu mente, siéntete agradecida por las personas y lecciones que lo hicieron, y suelta ese dolor.

El perdón incondicional es un perdón transformador

¡Esto es importante! Hay diferentes tipos de perdón. Todos entendemos lo que significa perdonar a una persona que se disculpa con nosotros, pero hay muchas ocasiones en la vida en las que nunca recibiremos ninguna disculpa. Muchos, si no todos, hemos estado en situaciones en las que fuimos vulnerables, dimos nuestros corazones y nuestra confianza, y terminamos derribados emocionalmente, estrellados contra el suelo. No entendemos totalmente lo que pasó; no sabemos qué hicimos mal, y probablemente nunca tendremos una respuesta.

He aprendido que es esencial poder perdonar y seguir adelante, incluso cuando no hay disculpas o respuestas. Tienes que aceptar que nada se resolverá jamás. Sin embargo, tu salud emocional está en juego, por lo que debes soltar el dolor y pasar página. Tienes que dejar de pensar en las personas o situaciones hirientes. Poder perdonar aun cuando no hay disculpas y tu corazón todavía está lleno de preguntas sin responder puede ser transformador. ¡Sí, puedes crear una vida nueva y mejor! Tú otorgas este tipo de perdón por tu bien porque eres capaz de concentrarte más en crear paz en tu propia vida. Platón fue un antiguo filósofo griego que vivió en el siglo v a. C. Ésta es una cita que a menudo se le atribuye:

Sé amable, porque cada persona que encuentras está
librando una dura batalla.

Una afirmación: «No soy lo que me pasó. Soy lo que elijo ser. Elijo perdonar y dejarte ir con amor. Hoy elijo amarme por todo lo que soy».

Haz una respiración profunda. ¡Exhala, y déjalo ir! Es hora de cerrar las puertas al pasado.

¡Levántate y crea una nueva verdad para ti! ¿Estás lista para llevar tu mejor vida? ¡Lo mejor está por venir!

Un pensamiento final

Es tu responsabilidad cumplir tus sueños. Nada ni nadie puede detener tu destino. ¡Sólo TÚ!

Todo lo puedo en Cristo que me fortalece.

FILIPENSES 4:13 (NVI)

Dedicatoria

¡A MIS EXTRAORDINARIOS PAPÁS! ¿DE CUÁNTAS MANERAS puedo agradecerles por amarme incondicionalmente? Ustedes personifican la integridad y me mostraron consistentemente los valores importantes bajo los cuales vivo ahora. Siempre me han apoyado en todo lo que hago, lamento todos los dolores de cabeza y las preocupaciones que les hice pasar. Papá: me enseñaste la importancia de la persistencia y me probaste a diario que existen hombres fuertes, amorosos y fieles. Mamá: siempre nos mostraste al mundo y a mí bondad, amor, amabilidad y sabiduría. Gracias por no abandonarme nunca, incluso en mis momentos de genuina estupidez. Mi oración constante a Dios es de agradecimiento por ustedes dos y por el amor que me han mostrado a lo largo de mi vida. Que Dios siempre les dé Su favor, Su gracia y una vida larga y saludable.

A mis hijos, Bella, Valentino y Alex: me recordaron que no podía rendirme y me amaron incluso cuando yo no era capaz de hacerlo. Recuerden siempre cuánto los amo, aunque hubo momentos en que no lo mostré de manera que ustedes pudieran entenderlo. Nada te prepara realmente para ser una mamá excelente; no existe un manual de instrucciones sobre cómo hacer todo bien. Entiendo que he cometido muchos errores, y lo lamento. Era una mamá joven e inexperta. A lo largo de mi dolor y mi crecimiento, aprendí a amarme y a mostrarles cuánto los amaba a todos. Le pido a Dios por ustedes y también por su hermanito recién nacido, Emiliano, que Dios siempre les dé sabiduría y los proteja todas sus vidas, y que sus propósitos los lleven a un lugar donde puedan servir a los demás con amor. ¡Nunca olviden cuánto los amo! ¡Los amo! ¡Los amo!

A Gilberto, mi esposo: me enseñaste lo que es amar. Y me amaste a pesar de mis heridas emocionales y sostuviste mi mano durante mi proceso de sanar, siempre enseñándome que es más que aceptable ser vulnerable; me ayudaste a tener el valor de amarte, independientemente de mi pasado. ¡Me ayudaste a descubrir que soy digna de ser amada! Eres la respuesta a mis oraciones, y me siento bendecida de que Dios te haya puesto de nuevo en mi camino. Gracias por compartir conmigo el regalo de Dios, nuestro hijo Emiliano. ¡Los amo!

Nick y Sofía: gracias por aceptarme y darme la oportunidad de formar juntos una familia con su papá.

A Alexandra Boos, mi compañera de oración, amiga y agente: mamita, has estado conmigo en las buenas y en las malas desde el primer día, y amablemente me halaste las orejas cuando lo necesitaba, pero siempre con amor. ¡Hemos celebrado, llorado y orado juntas en todo este camino, y ahora hacemos realidad tantos sueños después de tantos años! ¡GRACIAS POR HACER ESTE VIAJE CONMIGO INCONDICIONALMENTE Y SIEMPRE declarando con tus palabras sólo deseos de bendición sobre mi vida! ¡Gracias por creer en mí cuando nadie más creía!

También quiero recordar a mi precioso sobrino, Orlando, quien murió demasiado joven y siempre sonreía sin importar lo profundo de su dolor. Quiero agradecerte, Lolo, por enseñarme a ser más compasiva y recordarme que nuestro tiempo en esta tierra no es eterno. Eres un ángel que trajo muchas lecciones a mi vida. ¡Siento escalofríos cada vez que me acuerdo de ti! Pienso en ti siempre que veo un colibrí en el jardín y cuando veo los ojos de tu hermanita. Te amo, Lolo. ¡Que Dios te tenga en Su gloria!

Y a la memoria imborrable de Carlos: ¡me revelaste mi amor por el baile y me enseñaste la importancia de tener un corazón lleno de amor a pesar de las palabras y acciones desconsideradas de la gente! Me enseñaste a soltarme y bailar, aun cuando lloraba. Carlos: siempre me enseñaste que mi belleza interior era lo más importante y, al mismo tiempo, me ayudaste a ganar confianza en mi propia persona. Me escuchaste y siempre me hiciste sentir hermosa. ¡Transformaste mi alma y mi visión de lo que realmente significa la belleza! ¡Te extraño tanto!

Agradecimientos

GRACIAS PRIMERAMENTE A DIOS POR TODAS LAS OPOR-
tunidades y lecciones aprendidas.

Quiero comenzar por agradecerle a mi hermano, Joe, a su esposa, Nancy; y a mis hermanas, Lily y Priscilla, por siempre mantener la unión como hermanos sin importar lo que esté pasando. Aunque no siempre entendieron mis sueños, siempre me brindaron su amoroso apoyo y muchas risas. Siempre los amaré. También quiero honrar a mis abuelitas, María y Mercedes, dos mujeres fuertes e increíbles, por enseñarme que todos somos humanos y que cada una de nosotras tenemos una historia especial y única que contar. De niña no me daba cuenta de todo por lo que habían pasado, pero ahora puedo entenderlo. También quiero honrar y recordar a mi abuelito Patricio Mercado: siempre fuiste un ángel que «aparecía» para ayudar a mi familia cuando más te necesitábamos.

Hay tantas personas y bendiciones por las que siempre estaré agradecida. Mis sueños no se habrían hecho realidad sin Gwen Devoe, la mujer fuerte que me dio mi primer trabajo como modelo: me aceptaste por quien era sin importar mi talla, y me permitiste hacer esa primera pasarela. Nunca puedo olvidar al increíble Óscar Picazo, a quien

259

he llegado a considerar como de mi familia. Eres un gran y talentoso ser humano. Tomaste las fotografías que cambiaron mi vida y sigues siendo un apoyo increíble en mi carrera. También les debo mucho a las siguientes personas con extraordinarios talentos: Makeup and Hair by Zee; Steven Tambia; Jennifer Arias; Andrea Vanessa Cárdenas, maquillista y experta en belleza; Larissa Tailor y Tom Soluri, encargados de vestuario; Leslie Estevez, experta en cuidado de la piel; Jairo Pardo por tu talento y creatividad. New Life Med Solutions, por los cuidados en belleza; el poderoso publicista latino Lee Hernández, por siempre buscar cómo compartir mi historia de manera positiva en los medios; y Justin Blum de Raw Fitness, quien me enseñó a descubrir mi propia fortaleza física: me impulsaste incluso cuando no quería seguir.

Siempre recordaré a las personas que inspiraron mi carrera y me abrieron las puertas, permitiéndome seguir adelante: el corresponsal Luis Sandoval; la productora Luz María Doria, gracias por creer en mí; y la periodista María Antonieta Collins: tu valiente historia de pérdida de peso impactó mi vida directamente.

La salud es lo más importante que tenemos, y quiero agradecer a los maravillosos médicos que tuvieron un papel decisivo en que yo pudiera transformar mi cuerpo y mi salud: el doctor Bernie Hanna; el doctor Iván Cuevas y el doctor Carlos Buenrostro, cuya amabilidad y compasión fueron claves para mi transformación.

Estoy eternamente agradecida con todos los mentores, maestros y mujeres y hombres inspiradores que me ayudaron en el camino. Me cambiaron al compartir su sabiduría, animándome a lo largo de los pasajes oscuros de mi vida: la pastora Dinora Jiménez, el pastor Guillermo Jiménez y el pastor Benny Pérez, Iyanla Vanzant, Jay Shetty, Lewis Howes, Tony Robbins, Gary Vee, el Doctor Wayne Dyer y Panache Desai, que me guiaron para superar mis ansiedades más profundas y me enseñaron que soy muy valiosa. Gracias también a Jerry Metellus, por enseñarme a usar mi voz de manera poderosa y respetuosa.

Gracias a mi sistema de apoyo editorial: Stephany Evans, mi agente, aprecio absolutamente tu fuerza en la lucha por contar mi historia; Julia Sokol Coopersmith, por «jugártela» conmigo. El proceso no siempre fue fácil, pero agradezco a Dios por ponerte en mi vida para ayudarme a superarlo. También quiero agradecer a todo el equipo de Harper-One, especialmente a Gideon Weil y Sydney Rogers, quienes me dieron la oportunidad de contar mi historia, con un agradecimiento especial a Sydney, una editora increíble que me ayudó a contar mi historia de una manera auténtica y real. También quiero agradecer a todos en Harper-Collins Español, en especial a Judith Curr, Edward Benítez, Emily Strode y Ariana Rosado-Fernández: poder traducir el libro fue tan importante para poder inspirar más personas. No pude haberlo hecho sin ustedes.

Detrás de cada sueño hay un equipo, y estoy agradecida con mi abogado en el entretenimiento, Richard Corey; Marki Costello por ser una increíble maestra de presentadores y Mark Turner por buscar siempre buenas oportunidades. No puedo olvidar a John Undeland, quien siempre brinda sólida orientación, sabiduría y consejo.

Siempre estaré agradecida con el Dr. Phil y su bella esposa, Robin McGraw, por permitirme ser una corresponsal especial en su programa. Honestamente, fue un sueño hecho realidad. También necesito reconocer y agradecer a Judy Sánchez por darme la oportunidad de expresar mi opinión y pensamientos, así como a Carla Pennington, Patricia Ciano y Jay McGraw por darme mi primer trabajo como presentadora y ayudarme a crecer en ese proceso. Gracias también a Rob Shieffele y a los otros miembros de Stage 29 Productions.

Nunca olvidaré a las empoderadas mujeres de *Face the Truth*: Vivica Fox, la doctora Judy Ho, Areva Martin, la juez «Scary Mary»

Chrzanowski. Cada una de ustedes me enseñó algo sobre mí y el negocio, por lo que siempre les estaré agradecida. Gracias por su paciencia y comprensión mientras crecía en mi camino.

No tengo suficientes maneras de agradecer a Fátima y a la señorita Linda Lewis por mostrarle a Valentino tanta paciencia y amor. Fátima: siempre estaré agradecida de que estuvieras allí para ser mi segundo par de ojos.

Sobre la autora

ROSIE MERCADO es modelo mexicoamericana y una de *Las 25 mujeres más poderosas de 2019* de *People en Español*. Además de haber participado como copresentadora del programa *Face the Truth*, producido por el célebre Dr. Phil, es una *life coach* cuyo propósito es inspirar, motivar y abogar por el amor propio y la aceptación corporal tras sus propias vivencias como empresaria y modelo de talla grande. Rosie ha abierto camino a las latinas de talla grande en la televisión hispana como presentadora ocasional para Telemundo y Univisión. Vive en Los Ángeles con su esposo y sus cuatro hermosos hijos.